PÉKIN
EN QUELQUES JOURS

David Eimer

Dans ce guide

L'essentiel

Pour aller droit au but et découvrir la ville en un clin d'œil

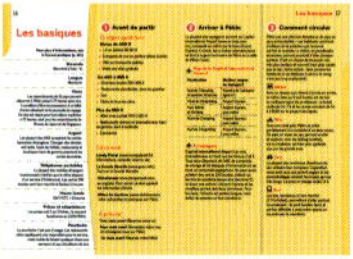

Les basiques
À savoir avant de partir

Les quartiers
Se repérer

Explorer Pékin

Sites et adresses, quartier par quartier

Les incontournables
Pour tirer le meilleur parti de votre visite

100% pékinois
Vivre comme un habitant

Pékin selon ses envies

Les meilleures choses à voir, à faire, à tester...

Les plus belles balades
Découvrir la ville à pied

Envie de...
Le meilleur de Pékin

Carnet pratique

Trucs et astuces pour réussir votre séjour

Hébergement
Une sélection d'hôtels

Transports et infos pratiques

Notre sélection de lieux et d'adresses

- Voir
- Se restaurer
- Prendre un verre
- Sortir
- Shopping
- Se loger

Légende des symboles

- Numéro de téléphone
- Horaires d'ouverture
- Parking
- Non-fumeurs
- Accès Internet
- Wi-Fi
- Végétarien
- Menu en anglais
- Familles bienvenues
- Animaux acceptés
- Bus
- Ferry
- Métro
- Subway
- Tramway
- Train

Retrouvez facilement chaque adresse sur les plans de quartiers

Pékin
En quelques jours

Les guides *En quelques jours* édités par Lonely Planet sont conçus pour vous amener au cœur d'une ville.

Vous y trouverez tous les sites à ne pas manquer, ainsi que des conseils pour profiter de chacune de vos visites. Nous avons divisé la ville en quartiers, accompagnés de plans clairs pour un repérage facile. Nos auteurs expérimentés ont déniché les meilleures adresses : restaurants, boutiques, bars et clubs... Et pour aller plus loin, découvrez les endroits les plus insolites et authentiques de la capitale chinoise dans les pages "100% pékinois".

Ce guide contient également tous les conseils pratiques pour éviter les casse-tête : itinéraires pour visites courtes, moyens de transport, montant des pourboires, etc.

Grâce à toutes ces infos, soyez sûr de passer un séjour mémorable.

Notre engagement

Les auteurs Lonely Planet visitent en personne, pour chaque édition, les lieux dont ils s'appliquent à faire un compte rendu précis. Ils ne bénéficient en aucun cas de rétribution ou de réduction de prix en échange de leurs commentaires.

L'essentiel 7

Explorer Pékin 21

Vaut le détour :

Pékin selon ses envies 117

Les plus belles balades

Envie de...

Carnet pratique 141

L’essentiel

Bienvenue à Pékin (Běijīng)

Pékin (Běijīng) fait allègrement se télescoper le passé lointain et le présent survolté de la Chine. Les palais impériaux et les temples côtoient une architecture saisissante de modernité, où l’on sait y faire en gastronomie et en shopping. Pékin bouillonne surtout d’une énergie folle, unique en son genre, digne de la superpuissance qu’est devenue la Chine. N’attendez plus !

Les gratte-ciel du quartier des affaires de Pékin

Pékin
Les incontournables

Cité interdite 紫禁城 (p. 24)

L'ancienne résidence impériale recèle les bâtiments les mieux conservés de Chine et permet de s'imprégner des siècles d'histoire de l'Empire céleste.

LUIS CASTANEDA INC./GETTY IMAGES ©

La Grande Muraille 长城 (p. 112)

Le symbole de la Chine par excellence. Debout sur les remparts, admirez la vue sur l'enceinte serpentant au loin dans les collines.

AARON GEDDES PHOTOGRAPHY/GETTY IMAGES ©

Palais d'Été 颐和园 (p. 100)

Comme la cour impériale en son temps, fuyez la chaleur pour vous réfugier dans ce remarquable ensemble de pavillons, de temples et de jardins, et contemplez Pékin depuis la colline de la Longévité.

NINO H. PHOTOGRAPHY/GETTY IMAGES ©

Parc du temple du Ciel 天坛公园 (p. 52)

Quintessence de l'architecture Ming, ces temples et ces salles sont empreints d'un symbolisme assez riche pour occuper un nécromancien amateur pendant des années.

Place Tiān'ānmén
天安门广场 (p. 30)

Sur la plus grande place du monde, assistez au lever du drapeau à l'aurore, puis revenez au crépuscule lorsque cette immense étendue offre le spectacle le plus impressionnant.

Les hútòng 胡同
(p. 48)

Parcourez les *hútòng*, ces ruelles ancestrales en partie préservées, pour découvrir l'âme véritable de la capitale et son atmosphère la plus traditionnelle.

MATT MUNRO/LONELY PLANET ©

798 Art District
艺术新区 (p. 76)

Cette ancienne usine a vu éclore la scène artistique contemporaine. On y découvre des œuvres novatrices, ingénieuses, parfois agaçantes mais jamais insipides.

VALERY HACHE/AFP/GETTY IMAGES ©

TRAVEL ASIA/GETTY IMAGES ©

Temple des Lamas

雍和宫 (p. 34)

L'un des plus beaux monastères bouddhiques tibétains hors du pays des Neiges. Joignez-vous aux moines et aux habitants qui viennent y prier tous les jours.

GUSTAVO MONIZ FERREIRA/500PX ©

Parc Běihǎi

北海公园 (p. 60)

Faites comme les Pékinois : détendez-vous en louant un pédalo, en participant à des séances collectives de gymnastique ou en regardant passer les promeneurs.

LONELY PLANET/LONELY PLANET ©

Marché aux puces de Pānjiāyuán 潘家园古玩市场 (p. 90)

Ce bruyant marché ravira les chineurs invétérés le week-end. Le marchandage est de rigueur.

100% pékinois
Vivre comme un habitant

Conseils d'initiés pour découvrir le vrai Pékin

Vous avez écumé tous les sites phares ? Il est temps de plonger dans le Pékin (Běijīng) authentique et de découvrir la vie de ses habitants. Restaurants ou boutiques, voici comment devenir pour quelques jours un vrai Pékinois.

Une soirée dans Ghost Street (p. 36)

▶ restaurants
▶ vie nocturne

Pour voir de près comment les Pékinois font la fête, passez une soirée dans Ghost Street, au cœur de Pékin, où les innombrables restaurants accueillent quantité d'habitants de tous les âges et de tous les styles, occupés à manger, à boire et à s'amuser en groupes bruyants et nombreux. L'effervescence dure ici une bonne partie de la nuit !

Un voyage dans le temps à Dashilar (p. 62)

▶ vieilles ruelles des hútòng
▶ shopping

Dashilar et les *hútòng* environnants, l'un des rares ensembles préservés de ces ruelles à l'ancienne, présentent un formidable aperçu du Pékin d'antan. Il fait bon flâner dans des boutiques sans âge en s'imprégnant de l'atmosphère d'un quartier traditionnel.

Prendre un cocktail à Sanlitun (p. 78)

▶ bars
▶ discothèques

Après la visite des palais et des temples, rejoignez le Tout-Pékin à Sānlǐtún, haut lieu de la vie nocturne, pour danser toute la nuit dans les clubs les plus sophistiqués de la capitale.

Shopping à la mode de Pékin (p. 92)

▶ marchés
▶ boutiques

Les Pékinois adorent marchander pour un accessoire, un bijou ou le dernier vêtement à la mode. Ici, le shopping est un art, et les marchés et boutiques du sud de Cháoyáng se prêtent idéalement à cette activité.

Ghost Street (p. 36)

Une vendeuse du marché de la Soie (p. 92)

Autres lieux pour vivre le Pékin des Pékinois

- Tours de la Cloche et du Tambour (p. 42)
- Nanluogu Xiang (p. 44)
- Hòuhǎi (p. 69)
- Marché de thé de Mǎliándào (p. 73)
- 77th Street (77街, Qīshíqī Jiē) (p. 72)
- Karaoké (p. 86)
- Parc Rìtán (p. 95)
- Bière artisanale à Sānlǐtún (p. 82)
- Cuisine des minorités chinoises à Wèigōngcūn (p. 110)
- *Beer garden* de Wǔdàokǒu (p. 109)

Pékin en 4 jours

1er jour

Un jour à Pékin ? Malgré le décalage horaire, sortez du lit à l'aube pour assister au lever du drapeau sur la **place Tiān'ānmén** (p. 30), cœur symbolique de la Chine. Dirigez-vous au sud de la place pour acheter un en-cas à un étal de rue et prenez place en tête de la file d'attente pour l'ouverture de la spectaculaire **Cité interdite** (p. 24) à 8h30. Consacrez la matinée à la visite du palais et à quelques-unes des expositions les moins visitées.

Après un délicieux déjeuner de raviolis chinois au **Dūyīchù** (p. 56), explorez les *hútòng* du vieux quartier commerçant de **Dashilar** (p. 62). De là, rejoignez en taxi ou en métro le **parc du temple du Ciel** (p. 52). Admirez cet ensemble architectural emblématique de la dynastie Ming et détendez-vous à l'ombre des cyprès.

Il est temps de savourer un canard laqué ! Rendez-vous au **Duck de Chine** (p. 82) ou au **Líqùn Roast Duck Restaurant** (p. 55) pour goûter cette spécialité, la plus célèbre de la capitale. Finissez la soirée par un cocktail à l'**Apothecary** (p. 84) ou à **Migas Bar** (p. 84) dans le quartier de Sānlǐtún, le rendez-vous des noctambules.

2e jour

Débutez votre deuxième journée par une excursion à la célébrissime **Grande Muraille** (p. 112). Celle-ci n'est pas visible des satellites spatiaux contrairement à ce qu'on prétend, mais on peut l'admirer de près à 2 heures de Pékin. Si vous êtes pressé, optez pour le tronçon de Bādálǐng, qui peut se visiter en une grosse demi-journée. Si vous avez plus de temps, cap sur **Sīmǎtái** (p. 114) pour arpenter ses montées abruptes et ses descentes vertigineuses.

Après un déjeuner tardif au **Nàjiā Xiǎoguǎn** (p. 96), dont les recettes proviennent d'un livre de cuisine datant de l'époque impériale, consacrez l'après-midi à faire du **shopping dans le sud de Cháoyáng**. Vous pourrez notamment exercer vos talents de négociateur dans le **marché de la Soie** (p. 92).

Après cette rude journée, assistez à l'une des représentations acrobatiques du **théâtre Cháoyáng** (p. 86) ou du **théâtre de spectacles d'acrobatie Tiānqiáo** (p. 70), moins touristique. Savourez ensuite un dîner bien mérité à **Lost Heaven** (p. 56), dans l'élégant quartier des Légations, pour déguster une excellente cuisine traditionnelle du sud-ouest de la Chine.

Votre temps est compté ?
Nous avons concocté pour vous des itinéraires détaillés qui vous permettront d'optimiser le peu de temps dont vous disposez.

3e jour

Si votre troisième jour tombe un samedi ou un dimanche, direction le **marché aux puces de Pānjiāyuán** (p. 90), à l'aube, pour tenter de dénicher un trésor avant les antiquaires. À défaut, prenez le métro jusqu'au **palais d'Été** (p. 100) et passez la matinée à arpenter ses jardins, ses temples et ses pavillons.

Faites une pause déjeuner dans le quartier étudiant de **Wǔdàokǒu** avant de pousser jusqu'au **798 Art District** (p. 76). Flânez dans les galeries, faites halte dans un café et découvrez par vous-même le visage de l'art chinois contemporain.

En début de soirée, prenez une place pour un spectacle de l'opéra de Pékin dans le **Húguǎng Guild Hall** (p. 70), le lieu le plus pittoresque de la ville pour admirer cet art chinois emblématique. À moins que vous ne préfériez vous offrir un massage bienfaisant au **Dragonfly Therapeutic Retreat** (p. 42), avant de plonger dans l'ambiance survoltée de **Ghost Street** (p. 36) et de ses nombreux restaurants.

4e jour

Il est temps de découvrir les temples. Commencez par le **temple des Lamas** (p. 34), un ancien palais impérial devenu le lieu de culte bouddhique le plus fréquenté de la ville. Non loin, le tranquille **temple de Confucius** (p. 40) permet d'échapper à l'agitation des rues.

Déjeunez au **Vineyard Café** (p. 43), le rendez-vous des expatriés ou, pour une adresse plus typique, au **Bǎihé Vegetarian Restaurant** (p. 42), où des fac-similés de plats en vitrine, reproduisant la viande ou le poisson, sont de véritables œuvres d'art. Ensuite, promenez-vous dans les *hútòng* autour des **tours du Tambour et de la Cloche** (p. 40), avant de mettre le cap sur le **parc Běihǎi** (p. 60), lieu de rendez-vous des Pékinois.

Continuez à explorer les ressources de la scène nocturne en dînant au **Dàlǐ Courtyard** (p. 42) ou au **Source** (p. 43), tous deux installés dans une romantique maison à cour carrée. Prenez ensuite un verre dans le **Mao Mao Chong Bar** (p. 45) avant de découvrir les bars de **Nanluogu Xiang** (p. 44), un *hútòng* des plus animés, ou d'aller écouter un concert au **Yúgōng Yíshān** (p. 47).

Les basiques

Pour plus d'informations, voir le Carnet pratique (p. 141)

Monnaie
Rénmínbì (Yuán : ¥)

Langue
Mandarin

Visas
Les ressortissants de 51 pays peuvent séjourner à Pékin jusqu'à 72 heures sans visa, à condition d'être en possession d'un billet d'avion attestant de la poursuite du voyage. Un visa est requis pour tout séjour supérieur à 72 heures, sauf pour les ressortissants de Brunei, du Japon et de Singapour.

Argent
Les plupart des DAB acceptent les cartes bancaires étrangères. Changer des devises est facile. Seuls les hôtels, restaurants et boutiques haut de gamme prennent les cartes bancaires.

Téléphones portables
La plupart des mobiles étrangers fonctionnent (vérifiez que le vôtre dispose d'un service d'itinérance). Les cartes SIM locales sont bon marché et faciles à trouver.

Heure locale
GMT/UTC + 8 heures

Prises et adaptateurs
Les prises ont 2 ou 3 fiches ; le courant fonctionne en 220V/50Hz.

Pourboire
Le pourboire n'est pas d'usage. Les restaurants chics appliquent une majoration pour le service, mais inutile de laisser quelque chose aux serveurs et aux chauffeurs de taxi.

1 Avant de partir

Budget quotidien

Moins de 400 ¥

- Lit en dortoir 60-80 ¥
- Échoppes de rue ou petites tables locales
- Vélo ou transports publics
- Visite des sites gratuits

De 400 à 850 ¥

- Chambre double 350-450 ¥
- Restaurants abordables, bars de quartier
- Taxi
- Visite de tous les sites

Plus de 850 ¥

- Hôtel avec cachet 700-1 500 ¥
- Restaurants chinois et internationaux haut de gamme, bars à cocktails
- Spectacles

Sites web

Lonely Planet (www.lonelyplanet.fr). Informations, conseils, forums, etc.

La Grande Muraille (www.gwoc.info). Tout sur la Grande Muraille.

ChinaSmack (www.chinasmack.com, en anglais). Pour savoir ce dont parlent les internautes chinois.

Office du tourisme (www.otchine.com). Infos culturelles et pratiques sur Pékin.

À prévoir

Trois mois avant Réservez votre vol.

Deux mois avant Demandez votre visa et renseignez-vous sur Pékin.

Un mois avant Réservez votre hôtel.

2 Arriver à Pékin

La plupart des voyageurs arrivent au Capital International Airport (www.en.bcia.com.cn), connecté au métro par le train Airport Express. En train, les arrivées internationales se font à la gare ferroviaire de Pékin ou à celle de Pékin Ouest.

Depuis le Capital International Airport

Destination	Meilleur moyen de transport
Sud de Cháoyáng et quartier financier	Navette de l'aéroport ligne n°1
Nord de Dōngchéng	Airport Express
Parc Běihǎi et Xīchéng	Airport Express, puis métro
Nord de Cháoyáng	Airport Express, puis métro
Sud de Dōngchéng	Airport Express, puis métro

À l'aéroport

Capital International Airport Les vols internationaux arrivent aux terminaux 2 et 3. Tous deux disposent de DAB, de comptoirs de change et de kiosques d'information où se tient un personnel anglophone. On peut aussi acheter des cartes SIM locales, obtenir un permis de conduire temporaire (terminal 3) et louer une voiture. L'Airport Express et les navettes partent des deux terminaux. Pour les taxis, l'attente est parfois longue, mais évitez de prendre un taxi clandestin.

3 Comment circuler

Pékin est une ville très étendue et de plus en plus embouteillée – ses habitants souffrent d'ailleurs de la pollution qui recouvre parfois la capitale. Le métro, en perpétuelle extension, permet pourtant d'aller presque partout. C'est un moyen de transport sûr, très peu coûteux et souvent bien plus rapide que le taxi. Autre option : faire comme les habitants et se déplacer à vélo (si le smog n'est pas trop asphyxiant).

Métro

Avec un réseau qui s'étend d'année en année, le métro, bien qu'il soit bondé, est de loin la meilleure façon de se déplacer. Le ticket coûte de 3 à 7 ¥ et les rames circulent de 5h à 23h30 sur la plupart des lignes.

Vélo

Avec son relief plat, Pékin se prête parfaitement à la conduite d'un deux-roues. On peut en louer un peu partout en ville et explorer ainsi les *hútòng* (ruelles), où la circulation est bien plus agréable que sur les grands axes.

Taxi

La plupart des nombreux chauffeurs de taxi utilisent leur compteur. Cependant, rares sont ceux qui parlent anglais et les embouteillages rendent les trajets parfois très longs. La prise en charge coûte 13 ¥.

Bus

Les bus, nombreux et bon marché (2 ¥ le ticket), permettent d'aller partout. Inconvénient : ils sont bondés, lents et parfois difficiles à emprunter quand on ne parle pas le mandarin.

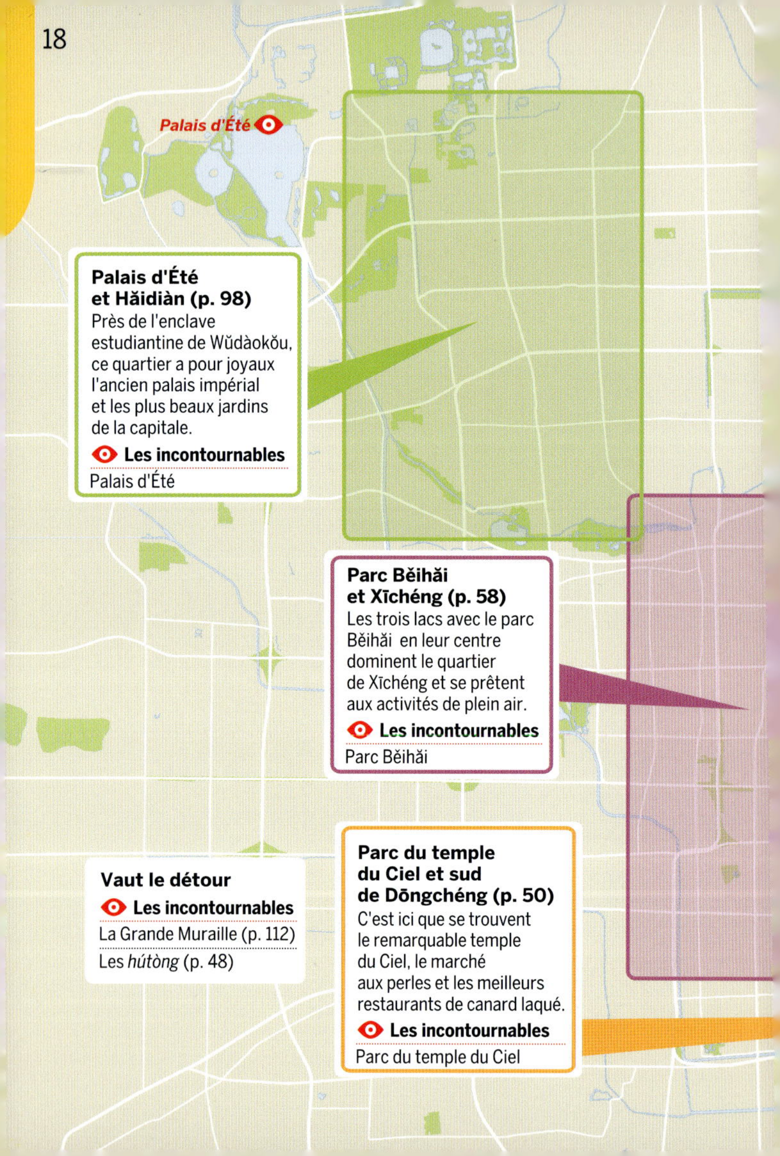

Palais d'Été et Hǎidiàn (p. 98)
Près de l'enclave estudiantine de Wǔdàokǒu, ce quartier a pour joyaux l'ancien palais impérial et les plus beaux jardins de la capitale.

Les incontournables
Palais d'Été

Parc Běihǎi et Xīchéng (p. 58)
Les trois lacs avec le parc Běihǎi en leur centre dominent le quartier de Xīchéng et se prêtent aux activités de plein air.

Les incontournables
Parc Běihǎi

Vaut le détour

Les incontournables
La Grande Muraille (p. 112)
Les *hútòng* (p. 48)

Parc du temple du Ciel et sud de Dōngchéng (p. 50)
C'est ici que se trouvent le remarquable temple du Ciel, le marché aux perles et les meilleurs restaurants de canard laqué.

Les incontournables
Parc du temple du Ciel

Pékin
Les quartiers

Cité interdite et nord de Dōngchéng
(p. 22)

Des sites phares, des *hútòng* pleins de vie, des bars branchés et des restaurants : le nord de Dōngchéng est un quartier captivant.

Les incontournables

- Cité interdite
- Place Tiān'ānmén
- Temple des Lamas

Nord de Cháoyáng
(p. 74)

Art d'avant-garde dans la "ruche" du 798 Art District et bars à cocktails branchés à Sānlǐtún.

Les incontournables

- 798 Art District

Sud de Cháoyáng
(p. 88)

Vitrine de l'architecture contemporaine, ce quartier accueille de nombreux marchés intéressants.

Les incontournables

- Marché aux puces de Pānjiāyuán

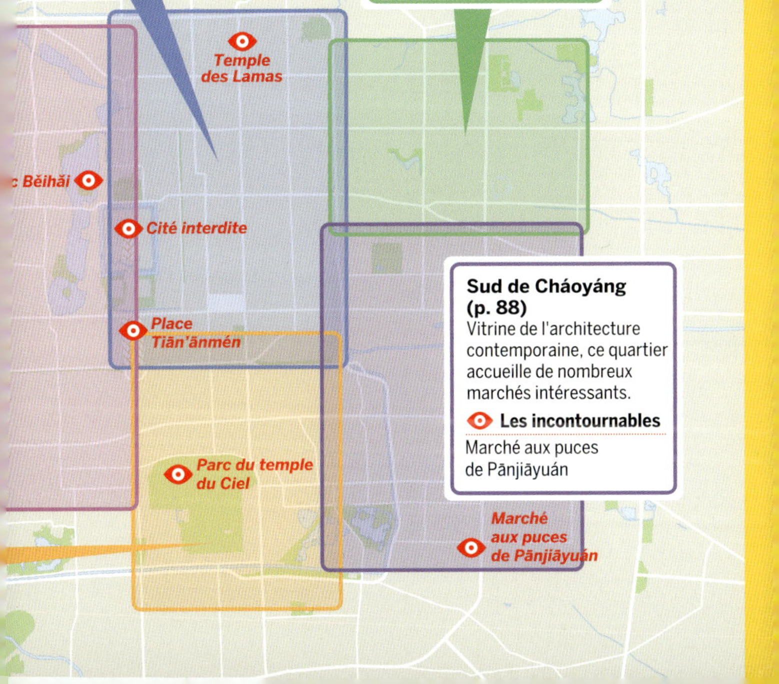

Explorer Pékin

Vaut le détour

Hútòng (ruelle) de Pékin

YANN LAYMA/GETTY IMAGES ©

Explorer

Cité interdite et nord de Dōngchéng

Chargé d'histoire, le nord de Dōngchéng (东城北) est le quartier le plus captivant et diversifié de Pékin. Outre la Cité interdite et la place Tiān'ānmén, il abrite des temples anciens et de magnifiques musées, sans compter ses *hútòng* pleins de vie, ses bars branchés et ses restaurants attrayants. On y passerait des heures sans s'en lasser. Immergez-vous dans ses ruelles animées, vous ne le regretterez pas !

L'essentiel

À l'aube, allez voir le lever du drapeau sur la **place Tiān'ānmén** (p. 30), puis mêlez-vous à la foule qui défile devant le corps embaumé du Grand Timonier dans le **mausolée de Mao Zedong** (p. 32) et présentez-vous à l'entrée de la **Cité interdite** (p. 24) dès l'ouverture. Passez la matinée à arpenter cet extraordinaire ensemble, avant de sortir par la porte Nord et de gravir la colline du **parc Jǐngshān** (p. 41) pour l'admirer d'en haut.

Après un déjeuner tardif de raviolis chinois au **Zuǒ Lín Yòu Shè** (p. 43), rejoignez en métro la **tour du Tambour et la tour de la Cloche** (p. 40). De là, suivez les *hútòng* vers l'est en direction du **temple des Lamas** (p. 34). Reprenez votre souffle dans le tranquille **temple de Confucius** (p. 40).

Fatigué ? Espérons que non, car la nuit est longue à Pékin. Débutez la soirée au **Tàn Huā Lamb BBQ** (p. 43) ou découvrez le charme d'un restaurant traditionnel à cour carrée comme le **Dàlǐ Courtyard** (p. 42). Explorez ensuite les bars sympathiques cachés dans les *hútòng* du quartier, comme **Mao Mao Chong** (p. 45), ou écoutez un concert au **Yúgōng Yíshān** (p. 47).

Pour un dîner 100% pékinois, voir p. 36.

Les incontournables

Cité interdite (p. 24)

Place Tiān'ānmén (p. 30)

Temple des Lamas (p. 34)

100% pékinois

Une soirée dans Ghost Street (p. 36)

Le meilleur du quartier

Se restaurer

Dàlǐ Courtyard (p. 42)

Bǎihé Vegetarian Restaurant (p. 42)

Tàn Huā Lamb BBQ (p. 43)

Vineyard Cafe (p. 43)

Source (p. 43)

Jīn Dǐng Xuān (p. 44)

Zuǒ Lín Yòu Shè (p. 43)

Comment y aller

Métro Ligne 1 jusqu'à Tiān'ānmén West ou East pour la Cité interdite et Tiān'ānmén. Les lignes 2 et 5 passent par Yonghegong (temple des Lamas). Descendez à Shíchàhǎi (ligne 8) pour les tours du Tambour et de la Cloche.

Bus Le bus 5 relie la tour du Tambour à Tiān'ānmén via la Cité interdite.

Les incontournables
Cité interdite

Siège du pouvoir au cœur du pays pendant cinq siècles, jusqu'à la chute de la dynastie Qing en 1911, et résidence de vingt-quatre empereurs, la saisissante Cité interdite (故宫, Gù Gōng) est un site absolument incontournable. Ainsi nommée car y entrer sans autorisation se soldait par une exécution immédiate, elle constitue l'ensemble architectural ancien le plus vaste et le mieux préservé de Chine. Prévoyez du temps pour la visite, car cette Cité renferme 800 bâtiments et 9 000 pièces, sans compter les cours, les pavillons et les jardins.

紫禁城 ; Zǐjìn Chéng

Plan p. 38, A5

nov-mars 40 ¥, avr-oct 60 ¥

8h30-16h mai-sept, 8h30-15h30 oct-avr, fermé lun

M Tiān'ānmén East ou Tiān'ānmén West

À ne pas manquer

Porte de l'Harmonie suprême

Si la Cité a été édifiée à partir du XVe siècle, la plupart des édifices que vous verrez datent du XVIIIe siècle. Le premier à s'offrir aux regards à l'intérieur de la Cité est la splendide **porte de l'Harmonie suprême** (太和门 ; Tàihé Mén), dominant une vaste cour pouvant accueillir 100 000 personnes. Aujourd'hui, près de la moitié de la Cité se visite, mais la richesse des vestiges demande du temps. Vous pouvez vous concentrer sur les trois palais principaux.

Palais de l'Harmonie suprême

Édifice le plus important et le plus vaste de la Cité interdite, le **palais de l'Harmonie suprême** (太和殿 ; Tàihé Diàn) est le premier des **Trois Grands Palais** (三大殿 ; Sān Dàdiàn), qui forment le cœur de la Cité. Il renferme le **trône du Dragon**, richement décoré, où l'empereur présidait aux cérémonies royales.

Palais de l'Harmonie du milieu

Plus petit, le **palais de l'Harmonie du milieu** (中和殿 ; Zhōnghé Diàn) servait d'antichambre à l'empereur qui s'y préparait, répétait ses discours et recevait ses plus proches ministres. On y voit deux chaises à porteurs de l'époque Qing avec lesquelles il se déplaçait à l'intérieur de la Cité interdite. Le dernier empereur Qing, Puyi, utilisait une bicyclette.

Palais de l'Harmonie préservée

Dépourvu de colonnades, ce **palais** (保和殿 ; Bǎohé Diàn) était réservé aux banquets puis, plus tard, aux examens impériaux. À l'arrière, une dalle impériale en marbre de 250 tonnes, sculptée de vagues et de dragons, fut convoyée jusqu'à Pékin sur un sentier de glace. Les bâtiments

☑ À savoir

- Ne confondez pas la porte de la Paix céleste avec l'entrée de la Cité interdite. Continuez à marcher pour atteindre les billetteries.
- Des guides très insistants attendent devant les guichets. Louez plutôt un audioguide, disponible en 30 langues (40 ¥).
- À la porte Nord, méfiez-vous des rabatteurs qui proposent rickshaws et taxis : des taxis ordinaires stationnent à quelques centaines de mètres de là.

Une petite faim ?

Nous vous recommandons les raviolis chinois de **Hángzhōu Xiǎochī** (杭州小吃 ; 76 Beichang Jie ; 北长街 76 号 ; plats 5-10 ¥ ; ⏲6h30-20h ; Ⓜ Tiān'ānmén West puis bus n°5), à l'ouest de la Cité impériale, ou, plus au nord, l'**Oasis Cafe** (plan p. 38, B5 ; 绿洲咖啡 ; Lǜzhōu Kāfēi ; 1 Jingshan Qianjie, 景山前街1号 ; café 20 ¥, thé 30 ¥, bière 18 ¥, sandwichs 25 ¥ ; ⏲8h-21h), à l'atmosphère détendue.

entourant les trois grands palais abritaient les trésors royaux : or, argent, soieries, tapis, etc.

Salle des Horloges

L'un des points forts de la Cité interdite, la **salle des Horloges** (钟表馆, Zhōngbiǎo Guǎn ; 10 ¥ ; ⏲8h30-16h été, 8h30-15h30 hiver) contient une remarquable collection de pendules et autres horloges d'une grande beauté, dont beaucoup proviennent de l'étranger et furent offertes aux empereurs Qing. Venez à 11h ou 14h pour voir et entendre les plus belles sonner l'heure.

Palais de la Paix et de la Longévité

Sorte de Cité interdite en miniature, ce **palais** (宁寿全宫 ; Níngshòu Quángōng) se dresse à l'angle nord-est et reproduit la structure des grands palais de l'axe central. Sous la dynastie Ming, c'est ici que vivaient l'impératrice douairière et les concubines. Il abrite aujourd'hui plusieurs belles expositions regroupées sous le nom de **galerie des Trésors** (珍宝馆, Zhēn Bǎo Guǎn ; 10 ¥).

Jardin impérial

À l'extrémité nord de la Cité interdite, ce charmant **jardin** (御花园 ; Yù Huāyuán) chinois classique de 7 000 m² se compose de rocailles, d'allées, de pavillons et de cyprès séculaires et difformes. Notez les deux **éléphants de bronze** aux pattes avant pliées, position anatomiquement impossible, illustrant le pouvoir de l'empereur : même les éléphants s'agenouillent devant lui !

Palais de la Pureté céleste

Plus petits que les trois grands palais, les bâtiments qui se trouvent immédiatement derrière eux sont plus importants en termes de pouvoir, lequel, selon la tradition chinoise, réside au nord. L'un d'eux, le **palais de la Pureté céleste** (乾清宫 ; Qiánqīng Gōng), fut la résidence des empereurs Ming et des premiers empereurs Qing, puis devint une salle d'audience pour les envoyés étrangers et les officiels de haut rang.

Palais de l'Union

Juste derrière, le **palais de l'Union** (交泰殿 ; Jiāotài Diàn) renferme une clepsydre, horloge à eau de 1745 composée de cinq récipients de bronze et d'une échelle graduée, ainsi qu'une horloge mécanique de 1797 et une collection de sceaux en jade.

Palais de la Tranquillité terrestre

Sous la dynastie Ming, ce **palais** (坤宁宫 ; Kūnníng Gōng) hébergeait les appartements de l'impératrice. Par la suite, il servit de chambre nuptiale au couple impérial, mais les époux n'y passaient que deux jours : après la nuit de noces, l'impératrice partait vivre dans un autre pavillon et c'est le harem qui s'installait ici.

Comprendre

Concubines et eunuques

Si les tâches cérémonielles et administratives occupaient une bonne partie de la journée de l'empereur, ses nuits étaient consacrées au plaisir. Selon une vieille croyance chinoise, avoir de fréquentes relations sexuelles avec des jeunes filles aidait à conserver sa jeunesse. Honorer ses concubines le plus souvent possible était donc un moyen de prolonger sa vie.

Les noms de ces dernières étaient inscrits sur des tablettes de jade placées près de la chambre de l'empereur afin qu'il puisse se choisir une compagne pour la nuit. Dénudée (donc sans arme), l'heureuse élue était enveloppée dans une étoffe jaune, puis portée par un eunuque jusqu'au boudoir royal.

Les eunuques étaient castrés à l'aide d'un couteau et d'une chaise spéciale à l'assise percée d'un trou. Environ la moitié mourait après l'opération. Les mutilations étant réputées empêcher la réincarnation, beaucoup d'eunuques portaient leurs attributs virils dans une petite bourse dans l'intention de convaincre les esprits de leur intégrité physique au moment de leur mort.

Palais de l'Élégance accumulée

Le dernier empereur, Puyi, vivait dans les bâtiments situés du côté ouest de la Cité interdite (il fit bâtir un court de tennis pour y apporter un peu de modernité). Le **palais de l'Élégance accumulée** (储秀宫 ; Chǔ Xiù Gōng), où il habitait enfant, renferme d'intéressantes photos de lui.

Lions gardiens

Les principaux bâtiments de l'ensemble architectural sont tous gardés par un couple de lions en pierre (石狮). Deux très beaux spécimens protègent ainsi la porte de l'Harmonie suprême (p. 25). Le mâle, représentant le pouvoir de l'empereur sur le monde, a une patte posée sur un globe. La femelle, qui symbolise la fertilité de la cour impériale, tient quant à elle un lionceau sous sa patte.

Gardiens des toits

Les toits des palais, mais aussi d'autres édifices, portent le long des angles toute une procession de créatures mythiques (蹲兽 ; *dūnshòu*) qui conduisent et protègent le dragon impérial fermant la marche derrière eux. Plus le bâtiment est important, plus ces animaux sont nombreux, le maximum étant de 9.

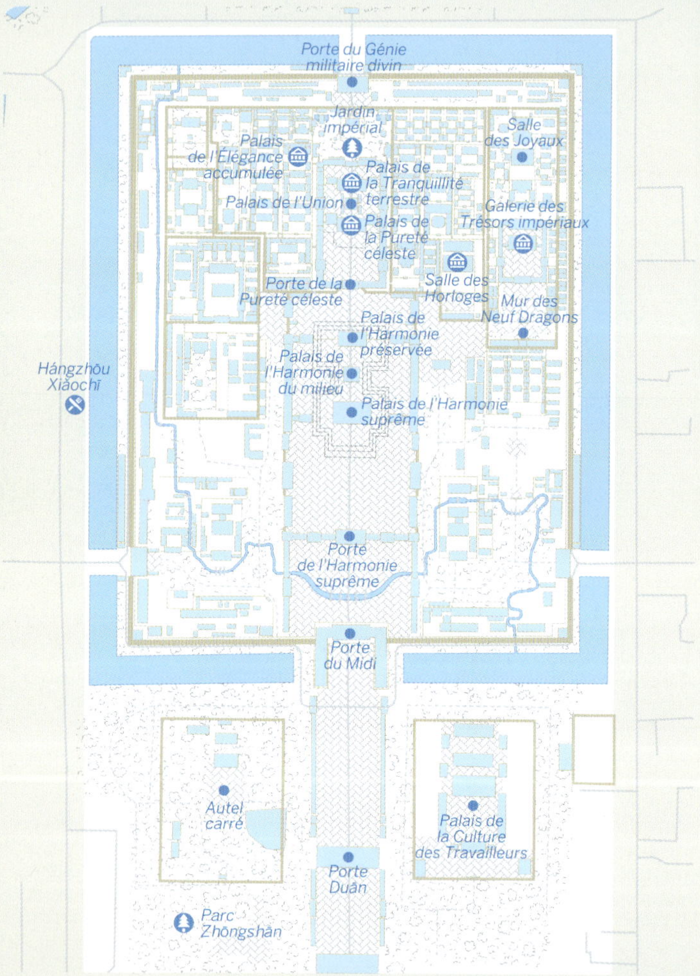
Porte du Génie militaire divin
Jardin impérial
Palais de l'Élégance accumulée
Salle des Joyaux
Palais de la Tranquillité terrestre
Palais de l'Union
Galerie des Trésors impériaux
Palais de la Pureté céleste
Salle des Horloges
Porte de la Pureté céleste
Mur des Neuf Dragons
Palais de l'Harmonie préservée
Palais de l'Harmonie du milieu
Hángzhōu Xiǎochī
Palais de l'Harmonie suprême
Porte de l'Harmonie suprême
Porte du Midi
Autel carré
Palais de la Culture des Travailleurs
Porte Duān
Parc Zhōngshān

Comprendre

La Cité interdite à travers les âges

C'est sur le site d'un palais datant de Kubilaï Khan que l'empereur Yongle, de la dynastie Ming, fit bâtir la Cité interdite entre 1406 et 1420 en reprenant le plan de l'ancien palais Ming de Nankin. Les travaux auraient mobilisé un million d'ouvriers et d'artisans. Situé au cœur de l'ancienne cité impériale, l'ensemble était entouré d'une enceinte faite de 12 millions de briques. C'est la seule des murailles de Pékin à être encore intacte.

Un refuge doré

Cette immense cité a abrité deux dynasties impériales, les Ming et les Qing, qui ne quittaient leur refuge doré qu'en cas de nécessité absolue. Un code strict, mélange de règles protocolaires et de superstitions, contribuait encore davantage à leur conférer un statut à part, que la présence des eunuques ne faisait que souligner. C'est d'ici que les empereurs gouvernaient la Chine, souvent de manière fantasque ou incompétente. Vu leur isolement d'avec le reste du pays, il est même étonnant que la révolution n'ait éclaté qu'en 1911, entraînant avec elle la chute du régime impérial.

Après 1911

Durant l'ère impériale, les incendies constituaient la principale menace pour la cité. La plupart des bâtiments qu'on voit aujourd'hui sont postérieurs au XVIIIe siècle : bâtie essentiellement en bois, la Cité interdite prenait feu à la moindre étincelle, surtout quand le vent soufflait en provenance du désert de Gobi.

À une époque plus récente, le palais fut victime des pilleurs et des extrémistes politiques. Les Japonais et les nationalistes du Kuomintang, rival du Parti communiste, s'emparèrent de nombreux trésors avant et après la Seconde Guerre mondiale. Les plus beaux sont aujourd'hui exposés à Taïwan, refuge des nationalistes après la victoire communiste en 1949.

Dans les années 1960 et 1970, lors de la révolution culturelle, la Cité interdite faillit être détruite par les gardes rouges, mais fut sauvée par l'intervention du Premier ministre de l'époque, Zhou Enlai. Une clémence qui témoigne de la place qu'elle occupe dans le cœur de nombreux Chinois pour qui elle représente l'apogée de la civilisation chinoise.

Les incontournables
Place Tiān'ānmén

La place Tiān'ānmén est la plus grande esplanade du monde et le cœur symbolique de la société chinoise contemporaine. Mao voulait qu'elle reflète la grandeur du Parti communiste – il est vrai que cette immense étendue de béton de 440 000 m² ne manque pas d'impressionner. La surveillance très stricte qui y règne ne la rend guère propice à la détente, mais vous pourrez à loisir vous dégourdir les jambes ! Surtout, revenez le soir pour admirer le spectacle saisissant qu'elle offre quand elle est éclairée.

天安门广场, Tiān'ānmén Guǎngchǎng

Plan p. 38, A8

entrée libre

M Tiān'ānmén West, Tiān'ānmén East ou Qiánmén

Monument aux Héros du peuple (p. 32), place Tiān'ānmén

À ne pas manquer

Cérémonie du drapeau

Très appréciée des touristes chinois, la cérémonie quotidienne du drapeau constitue un spectacle indéniablement divertissant. Chaque jour au lever et au coucher du soleil, un bataillon d'élite de l'Armée populaire de libération arrive par la porte de la Paix céleste et traverse la place au rythme de 108 pas à la minute, avant de hisser ou d'abaisser le drapeau chinois qui flotte sur l'esplanade.

Porte de la Paix céleste

Ornée d'un immense portrait de Mao et surmontée d'un double toit, la **porte de la Paix céleste** (天安门, Tiān'ānmén ; 15 ¥ ; consigne sacs 2-6 ¥ ; 8h30-16h30 ; M Tiān'ānmén West ou Tiān'ānmén East) au nord de la place donne son nom, Tiān'ānmén, à cette dernière. Bâtie au XVe siècle et restaurée au XVIIe, elle est gardée par deux couples de **lions de pierre** d'époque Ming. On peut y monter pour admirer la vue et voir une exposition de photos.

Musée national de Chine

Le plus important **musée** (中国国际博物馆, Zhōngguó Guójì Bówùguǎn ; en.chnmuseum.cn ; Guangchangdongce Lu, place Tiān'ānmén, 天安门, 广场东侧路 ; audioguide 30 ¥, café à partir de 20 ¥, thé à partir de 10 ¥, pâtisseries et sandwichs 10-20 ¥ ; 9h-17h mar-dim, dernière entrée 16h ; ; M Tiān'ānmén East) de Chine, installé dans un immense bâtiment de style stalinien sur le flanc oriental de la place, abrite une remarquable exposition sur la **Chine ancienne** au sous-sol. Les galeries consacrées à l'**art du bronze** et à la **sculpture bouddhique** sont également captivantes. Passeport exigé à l'entrée.

À savoir

- Pour assister à la cérémonie du drapeau au lever du soleil, arrivez le plus tôt possible en raison de l'affluence.
- Entrer et circuler sur la place en bicyclette est interdit ; laissez la vôtre au parking pour vélos, à l'ouest de la porte de la Paix céleste.
- Évitez de venir les jours fériés, surtout le jour de la Fête nationale, le 1er octobre ; une foule compacte se presse ici et il est impossible de faire un pas.

Une petite faim ?

Rendez-vous au sud de la place dans Qiánmén Dajie, une rue marchande rénovée, pour déguster des raviolis chez **Dūyīchù** (p. 56). Dans la même rue, le **Qiánmén Quánjùdé Roast Duck Restaurant** (p. 56) sert le canard laqué le plus réputé de toute la ville.

Mausolée de Mao Zedong

Ce **mausolée** (毛主席纪念堂, Máo Zhǔxí Jìniàntáng ; place Tiān'ānmén ; consigne sacs 2-10 ¥, appareils photo 2-5 ¥ ; ⏲7h30-13h mar-dim ; Ⓜ Tiān'ānmén West, Tiān'ānmén East ou Qiánmén), au sud de la place, est l'un des rares sites gratuits de Pékin. Le corps embaumé du Grand Timonier, décédé en 1976, y est exposé dans un cercueil de verre. Les visiteurs chinois témoignent d'une grande déférence : faites de même. Les soins à apporter à la dépouille nécessite parfois l'interruption des visites. Consigne obligatoire pour les sacs de l'autre côté de la rue.

Porte du Devant

La **porte du Devant** (前门, Qián Mén ; 20 ¥, audioguide 20 ¥ ; ⏲9h-16h mar-dim ; Ⓜ Qiánmén), au sud de la place, comprend en fait deux portes qui faisaient jadis partie intégrante du mur intérieur de la ville. On peut monter dans celle située le plus au nord, la **porte Zhèngyáng**, haute de 40 m environ, qui présente une intéressante exposition de vieilles photos. La seconde, la **tour de la Flèche** (正阳门箭楼 ; Zhèngyángmén Jiànlóu), immédiatement au sud, est fermée au public.

Palais de l'Assemblée du peuple

Siège du pouvoir législatif, le **palais de l'Assemblée du peuple** (人民大会堂, Rénmín Dàhuìtáng ; adulte 30 ¥, consigne sacs 2-5 ¥ ; ⏲8h30-15h, horaires variables ; Ⓜ Tiān'ānmén West), à l'ouest de la place, est ouvert au public en dehors des sessions de l'Assemblée nationale du peuple. La visite comprend l'auditorium de 10 000 places au plafond décoré de l'étoile rouge brillamment illuminée. La billetterie se trouve sur le flanc sud du bâtiment.

Monument aux Héros du peuple

Au centre de la place, cet **obélisque** (人民英雄纪念碑, Rénmín Yīngxióng Jìniànbēi ; place Tiān'ānmén ; Ⓜ Tiān'ānmén West, Tiān'ānmén East ou Qiánmén) en granit de 37,9 m de hauteur, achevé en 1958, porte des bas-reliefs dépeignant de hauts faits patriotiques et révolutionnaires, ainsi que des calligraphies de personnages clés comme Mao Zedong et Zhou Enlai. Les huit caractères tracés par Mao proclament “Gloire éternelle aux héros du peuple”. Le monument est éclairé la nuit.

Architecture réaliste socialiste

Dans les années 1950 et celles qui suivirent, comme tous les pays nouvellement communistes, la République populaire de Chine tira initialement son inspiration architecturale de l'Union soviétique. Pékin compte ainsi plusieurs bâtiments édifiés dans le style du réalisme socialiste. La place Tiān'ānmén en abrite les principaux exemples, notamment le **palais de l'Assemblée du peuple** (1959), dont l'architecture monolithique et imposante est un modèle du genre.

Comprendre

Tiān'ānmén et la Chine moderne

Il n'est pas exagéré de dire que la Chine moderne est née sur la place Tiān'ānmén. Le 4 mai 1919, des étudiants de l'université de Pékin et d'autres établissements défilèrent ici pour dénoncer la faiblesse de la Chine face aux puissances coloniales et demander un gouvernement plus fort et moins corrompu. Cette manifestation en déclencha d'autres dans tout le pays, renforça le sentiment nationaliste et contribua à politiser de nombreux jeunes Chinois qui, plus tard, prirent part à la guerre civile où s'opposèrent les nationalistes et les communistes jusqu'à la victoire de ces derniers en 1949.

Les événements de 1989

Lors du 70e anniversaire de la manifestation du 4 mai 1919, la place Tiān'ānmén fut de nouveau occupée par des étudiants en colère. Cette fois, la situation prit un tour tragique. Le 4 juin, l'armée investit les lieux pour en déloger les manifestants qui réclamaient la démocratie depuis des semaines. La plupart des étudiants s'en sortirent sains et saufs, mais beaucoup des citoyens ordinaires, qui s'étaient rassemblés à un kilomètre de la place pour retenir les soldats, eurent moins de chance. On estime que des centaines d'entre eux furent tués.

Le cœur de la Chine

Si en Occident Tiān'ānmén est associée aux manifestations de 1989, ce n'est pas le cas en Chine. Même si de nombreux Chinois se souviennent de ce qu'il s'y est passé en juin 1989, Tiān'ānmén représente pour la plupart des habitants la suprématie du Parti communiste – c'était d'ailleurs le dessein que poursuivait Mao quand il ordonna l'extension de la place après avoir proclamé la République populaire de Chine du haut de la porte de la Paix céleste en octobre 1949.

Depuis, Tiān'ānmén a servi à illustrer la puissance communiste. Durant la révolution culturelle des années 1960 et 1970, jusqu'à un million de personnes s'y rassemblaient pour écouter des discours dans une atmosphère de ferveur extrême. Aujourd'hui encore, c'est ici que le Parti communiste fait étalage de sa puissance militaire, comme en 2009 pour le 60e anniversaire de l'avènement de la République.

Les incontournables
Temple des Lamas

Principal sanctuaire bouddhique de Pékin, le temple des Lamas, richement décoré, constitue une excellente et saisissante introduction au bouddhisme tibétain. Cet ancien palais impérial, transformé en lamaserie en 1744, est aujourd'hui un lieu de culte très fréquenté. Il vous enchantera avec ses cinq bâtiments principaux, ses moulins à prière (à faire tourner dans le sens des aiguilles d'une montre pour que les prières s'envolent), ses carreaux multicolores, ses majestueux lions chinois et ses statuettes tantriques.

雍和宫 ; Yōnghé Gōng

Plan p. 38, C1

28 Yonghegong Dajie

adulte 25 ¥, audioguide 50 ¥

9h-16h30

M Yonghegong-Lama Temple

À ne pas manquer

Pavillon Wànfú

La dernière des cinq salles principales, le pavillon Wànfú (万福阁 ; Wànfú Gé), recèle la merveille du temple : une statue haute de 18 m du bouddha Maitreya sous sa forme tibétaine, vêtu de satin et, dit-on, sculpté d'un seul bloc dans un tronc de santal. Derrière l'**autel d'Avalokiteshvara**, une statue de Guanyin vous fixe de son visage bleu.

Les expositions

Une superbe collection de bronzes bouddhiques tibétains, d'époque Qing pour la plupart, se tient dans le **Jiètái Lóu**. Elle comprend des effigies suggestives de Tārā verte et de Tārā blanche, des personnages tantriques (comme Samvara) et des figurines de Mahakala au visage menaçant. Admirez aussi les nombreux objets bouddhiques tibétains présentés dans le **Bānchán Lóu** : sceptres, mandalas et figures tantriques.

Salle Yǒngyòu

La salle Yǒngyòu (永佑殿 ; Yǒngyòu Diàn), qui abrite des statues du bouddha de la Longévité et du bouddha de la Médecine, draine de nombreux fidèles. Jetez un coup d'œil à la **salle latérale de l'Est**, avec ses bouddhas bleus et ses deux gigantesques créatures pareilles à des chiens. Les statues tantriques ont été partiellement drapées de tissu pour cacher leurs accouplements.

Salle de la Roue de la loi

La quatrième salle (法轮殿 ; Fǎlún Diàn) contient une grande statue en bronze de Tsongkhapa (1357-1419), fondateur de la branche du bouddhisme des Bonnets jaunes (à laquelle le temple appartient), vêtu de jaune et éclairé par une lucarne. On voit aussi le trône où s'asseyait le dalaï-lama pour transmettre ses enseignements.

☑ À savoir

- Des guides proposent leurs services à l'entrée et aux guichets, mais la location d'un audioguide vous coûtera moins cher.
- Venez très tôt et si possible en semaine, car le temple attire des foules de fidèles et de visiteurs. Les rues environnantes sont bordées de stands qui vendent des bâtons d'encens et des statues et objets bouddhiques. On peut aussi se faire dire l'avenir !

Une petite faim ?

Les alentours ne manquent pas d'endroits où manger. Essayez le **Vineyard Café** (p. 43) pour son excellente cuisine occidentale, son thé anglais et son café. Également accessible à pied, le **Bǎihé Vegetarian Restaurant** (p. 42) est l'un des meilleurs restaurants végétariens de Pékin.

100% pékinois
Une soirée dans Ghost Street

Ghost Street (簋街, Gui Jie) est l'une des rues les plus animées de Pékin. Regroupant plus de cent cinquante restaurants, elle attire aussi bien des jeunes branchés que des employés de bureau, des hommes d'affaires, des familles et parfois des célébrités qui viennent se détendre et faire la fête après une longue journée. L'effervescence bat son plein tout au long de la nuit. Profitez-en !

❶ Pourquoi ce nom ?

Impossible de manquer le début de Ghost Street. Cette rue qui fait officiellement partie de Dongzhimennei Dajie (东直门内大街) est bordée de centaines de restaurants dont le fumet aguicheur embaume l'atmosphère. Elle doit son surnom ("rue des Fantômes") à un grand récipient ancien en bronze, ornant l'extrémité est de Dongzhimennei Dajie, et dont le nom se prononce

en mandarin de la même manière que le mot “fantôme”.

❷ Une ambiance survoltée

Ici, les Pékinois se livrent à leur passe-temps favori : manger. À l’extérieur des restaurants, une foule bruyante attend qu’une table se libère, tandis que des rabatteurs interpellent les automobilistes qui passent. À l’intérieur, le niveau sonore atteint son paroxysme autour des tables rondes où les clients s’appliquent à dévorer leur repas en vidant force bières, pendant que les serveurs en sueur s’affairent sans discontinuer.

❸ Xiǎo Yú Shān

L’une des adresses les plus fréquentées de Ghost Street est cet immense **restaurant** (小渔山 ; 195 Dongzhimennei Dajie ; 东直门内大街 195 号; ⌚10h30-6h), où une file d’attente compacte patiente avant de déguster écrevisses et crevettes. À l’instar de nombreux autres restaurants de la rue, celui-ci reste ouvert jusqu’au petit matin, ce qui en fait un endroit idéal pour les fêtards affamés. Le menu bien fourni ne se limite pas aux fruits de mer.

❹ Little Sheep

Ghost Street est célèbre pour ses fondues chinoises, un plat introduit à Pékin par les Mongols au début du XIIIe siècle. On place au milieu de la table un bouillon dans lequel on fait cuire la viande et les légumes de son choix, avant de les tremper dans diverses sauces. **Little Sheep** (小肥羊, Xiǎo Féi Yáng ; 209 Dongzhimennei Dajie ; 东直门内大街 209 号 ; ⌚9h-4h) est une bonne adresse pour goûter cette spécialité. L’agneau provient de Mongolie-Intérieure et tous les ingrédients sont frais.

❺ Chóngqìng Kǒngliàng Huǒguō

Pour vous réchauffer, essayez la fondue chinoise de style Chóngqìng servie dans ce **restaurant** (重庆孔亮火锅 ; 218 Dongzhimennei Dajie ; 东直门内大街 218 号 ; marmite à partir de 35 ¥, ingrédients 7-20 ¥ ; ⌚9h30-3h), établi de longue date. Cette fondue, indissociable de la ville du sud-ouest du pays dont elle porte le nom, se mange de la même façon que la variante mongole mais avec beaucoup plus d’épices. Idéal par une froide soirée d’hiver.

❻ Barbecue pékinois

Ghost Street ne recèle pas seulement des fondues et des fruits de mer. C’est aussi l’endroit rêvé pour le barbecue pékinois, l’une des cuisines de rue préférées des habitants. Ces restaurants sont repérables à leur enseigne lumineuse rouge portant le caractère 串 (*chuàn* ou brochette). Prenez place sur un tabouret, ouvrez une bière et régalez-vous de brochettes d’agneau et d’ailes de poulet. Les courageux pourront tenter les tendons d’agneau dont raffolent les Pékinois.

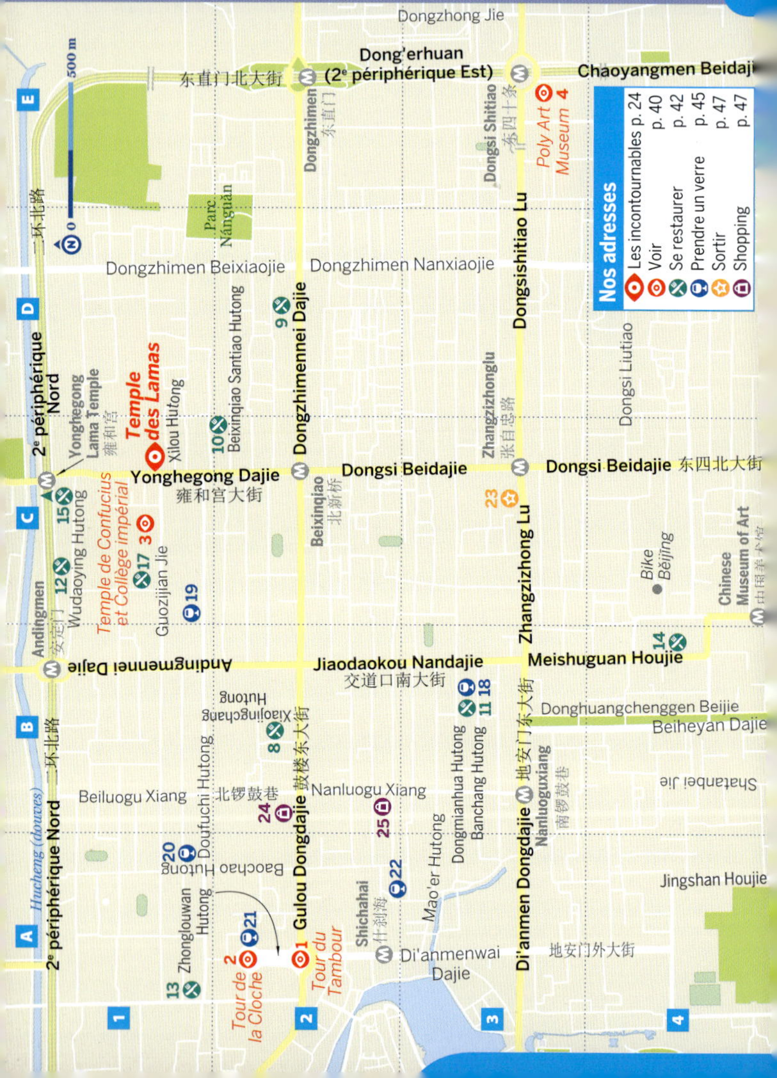

Nos adresses
Les incontournables p. 24
Voir p. 40
Se restaurer p. 42
Prendre un verre p. 45
Sortir p. 47
Shopping p. 47
Temple des Lamas
Temple de Confucius et Collège impérial 3
Tour de la Cloche 2
Tour du Tambour 1
Poly Art Museum 4
Dongzhong Jie
Dong'erhuan (2e périphérique Est)
东直门北大街
Chaoyangmen Beidajie
Dongzhimen 东直门
Dongsi Shitiao 东四十条
Parc Nánguǎn
二环北路
Dongzhimen Beixiaojie
Dongzhimen Nanxiaojie
Dongsishitiao Lu
Beixinqiao Santiao Hutong
Dongzhimennei Dajie
2e périphérique Nord
Yonghegong Lama Temple 雍和宫
Xilou Hutong
Zhangzizhonglu 张自忠路
Dongsi Liutiao
Yonghegong Dajie 雍和宫大街
Dongsi Beidajie
Dongsi Beidajie 东四北大街
Wudaoying Hutong
Guozijian Jie
Beixinqiao 北新桥
Zhangzizhong Lu
Bike Běijīng
Chinese Museum of Art 中国美术馆
Andingmen 安定门
Andingmennei Dajie
Jiaodaokou Nandajie 交道口南大街
Meishuguan Houjie
Xiaojingchang Hutong
Donghuangchenggen Beijie
Beiheyan Dajie
二环北路
鼓楼东大街
Beiluogu Xiang
北锣鼓巷
Nanluogu Xiang
Doufuchi Hutong
Dongmianhua Hutong
Banchang Hutong
地安门东大街
Nanluoguxiang 南锣鼓巷
Shatanbei Jie
Huchéng (douves)
2e périphérique Nord
Baochao Hutong
Gulou Dongdajie
Mao'er Hutong
Di'anmen Dongdajie
Jingshan Houjie
Zhonglouwan Hutong
Shichahai 什刹海
Di'anmenwai Dajie
地安门外大街
500 m

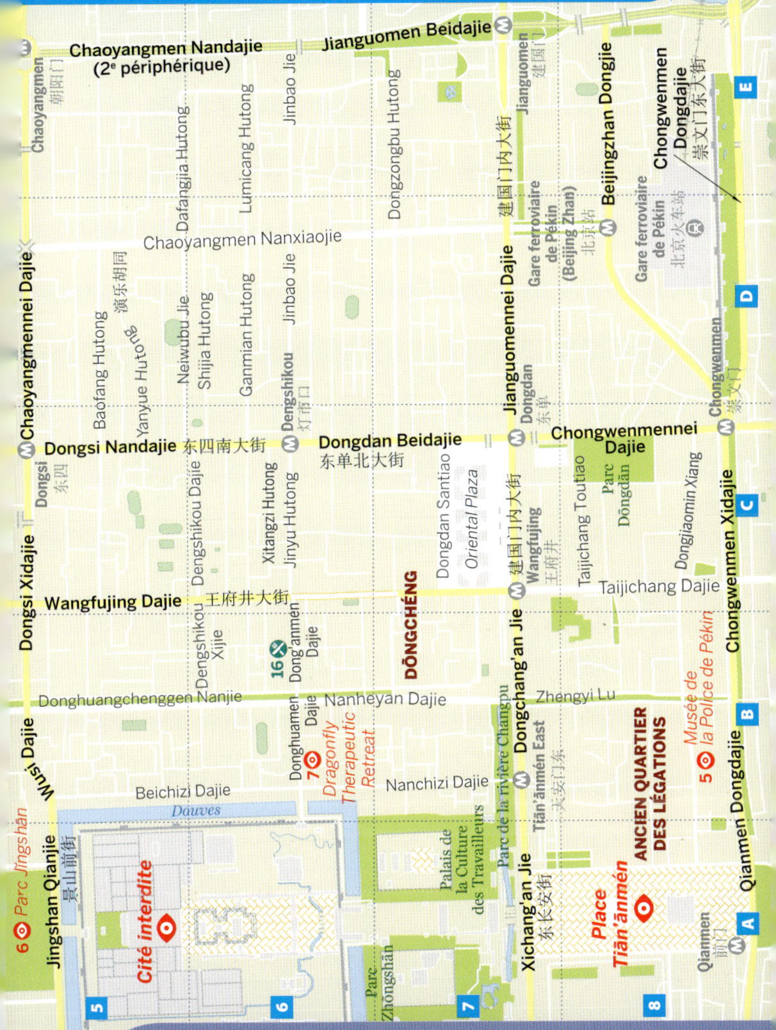
Chaoyangmen Nandajie
(2e périphérique)
Jianguomen Beidajie
Chaoyangmen
朝阳门
Dafangjia Hutong
Lumicang Hutong
Jinbao Jie
Dongzongbu Hutong
建国门内大街
Jianguomen
建国门
Beijingzhan Dongjie
Chongwenmen
Dongdajie
崇文门东大街
E
Chaoyangmen Nanxiaojie
Chaoyangmennei Dajie
Baofang Hutong
演乐胡同
Yanyue Hutong
Neiwubu Jie
Shijia Hutong
Ganmian Hutong
Jinbao Jie
Dengshikou
灯市口
Jianguomennei Dajie
Gare ferroviaire
de Pékin
(Beijing Zhan)
北京站
Gare ferroviaire
de Pékin
北京火车站
D
Chongwenmen
崇文门
Dongsi Nandajie 东四南大街
Dongdan Beidajie
东单北大街
Dongdan
东单
Chongwenmennei
Dajie
Dongsi
东四
Dengshikou Dajie
Xitangzi Hutong
Jinyu Hutong
Dongdan Santiao
Oriental Plaza
建国门内大街
Wangfujing
王府井
Taijichang Toutiao
Parc
Dōngdān
Dongjiaomin Xiang
C
Dongsi Xidajie
Wangfujing Dajie
王府井大街
Taijichang Dajie
Dengshikou
Xijie
16
Dong'anmen
Dajie
DŌNGCHÉNG
Dongchang'an Jie
Chongwenmen Xidajie
Musée de
la Police de Pékin
Donghuangchenggen Nanjie
Nanheyan Dajie
Zhengyi Lu
B
Musi Dajie
Donghuamen
Dajie
7
Dragonfly
Therapeutic
Retreat
Parc de la rivière Changpu
Tiān'ānmén East
天安门东
ANCIEN QUARTIER
DES LÉGATIONS
5
Beichizi Dajie
Nanchizi Dajie
Douves
6
Parc Jingshān
Jingshan Qianjie
景山前街
Cité interdite
Palais de
la Culture
des Travailleurs
Xichang'an Jie
东长安街
Place
Tiān'ānmén
Qianmen Dongdajie
A
Qianmen
前门
Parc
Zhongshān
5
6
7
8

Voir

Tour du Tambour
SITE HISTORIQUE

1 Plan p. 38, A2

Cette magnifique tour rouge et la tour de la Cloche située juste derrière, d'apparence plus ancienne, rythmaient jadis la vie des habitants. La journée se déroulait ainsi au gré des roulements de tambours et des tintements de cloches. Construite en 1272, la tour du Tambour se dressait jadis au cœur de la capitale mongole de Dàdū, qui deviendrait plus tard Pékin. Elle fut détruite par un incendie puis reconstruite un peu plus à l'est que la tour d'origine, en 1420. La tour actuelle est une version Qing de la tour de 1420. (鼓楼 ; Gŭlóu ; Gulou Dongdajie ; 20 ¥, billet combiné des deux tours 30 ¥ ; 9h-17h, derniers billets 16h40 ; M Shíchàhăi ou Gulou Dajie)

Tour de la Cloche
SITE HISTORIQUE

2 Plan p. 38, A2

Plus modeste, l'édifice en pierre grise de la tour de la Cloche est peut-être plus charmant que sa resplendissante moitié la tour du Tambour, à laquelle le quartier doit son nom. On peut également admirer cette dernière depuis le balcon. (钟楼, Zhōnglóu ; Gulou Dongdajie ; 20 ¥, billet combiné des deux tours 30 ¥ ; 9h-17h, derniers billets 16h40 ; M Shíchàhăi ou Gulou Dajie)

Temple de Confucius et collège impérial
TEMPLE

3 Plan p. 38, C1

À un jet de pierre du temple des Lamas, le deuxième plus grand temple chinois dédié à Confucius a récemment été rénové, mais reste empreint d'un détachement presque surnaturel, apparemment inaltérable. Étant donné la placidité de l'endroit et l'absence de culte, le temps semble d'autant plus figé. La quiétude et la réserve de cet agréable sanctuaire permettent d'échapper aux rues souvent encombrées de Pékin. Un véritable havre de paix. (孔庙、国子监, Kǒng Miào et Guózĭjiàn ; 13 Guozijian Jie ; 30 ¥ , audioguide 30 ¥ ; 8h30-17h30 ; M Yonghegong-Lama Temple)

Poly Art Museum
MUSÉE

4 Plan p. 38, E3

Ce charmant petit musée possède une splendide collection de bronzes anciens des dynasties Shang et Zhou, le summum en matière de travail du bronze. Ne manquez pas la doublure ornementée sur le "*zūn* en forme de phénix" (倗季凤鸟尊), un récipient à vin, ou le "*yǒu* aux visages divins" (神面卣), autre récipient agrémenté sur le côté d'une tête d'éléphant. Les motifs animistes minutieux ornant le *Gangbo Yǒu* (棡柏卣) sont tout aussi saisissants. (保利艺术博物馆, Băolì Yìshù Bówùguăn ; 010 6500 8117 ; www.polymuseum.com ; 9e ét., Poly Plaza, 14 Dongzhimen Nandajie ; 20 ¥, audioguide 10 ¥ ; 9h30-17h, fermé dim ; M Dongsi Shitiao)

PETER GRIDLEY/GETTY IMAGES ©

Tour du Tambour

Musée de la Police de Pékin

MUSÉE

5 Plan p. 38, B8

Propagande à part, la collection est une excellente présentation de la *dà gài mào* pékinoise (argot local désignant les gendarmes). Découvrez comment le **temple de Dōngyuè** fut transformé en école de police pour le premier Bureau de sécurité publique (PSB) de Pékin en 1949 et comment les agents traquaient "les traînards, les soldats démobilisés, les bandits, les voyous, les truands et les tyrans..." postés à Pékin par le Kuomintang (KMT). (北京警察博物馆, Běijīng Jǐngchá Bówùguǎn ; 010 8522 5018 ; 36 Dongjiaomin Xiang ; adulte 5 ¥, billet combiné 20 ¥ ; 9h-16h mar-dim ; M Qiánmén)

Parc Jǐngshān

PARC

6 Plan p. 38, A5

Le parc Jǐngshān, l'un des plus beaux de la ville, est dominé par l'une des rares collines du centre de Pékin, un monticule créé à partir de la terre de remblai issue du creusement des douves de la Cité interdite. Appelé "colline de Charbon" par les Occidentaux pendant la période des Légations, Jǐngshān est également un espace feng shui voué à protéger le palais des mauvais esprits – ou des tempêtes de sable – venus du nord. Grimpez au sommet pour jouir du magnifique panorama sur la capitale et de la vue somptueuse sur les toits mordorés de la Cité interdite. (景山公园, Jǐngshān Gōngyuán ; Jingshan

Qianjie ; adulte 2 ¥, en été 5 ¥ ; ⏲6h-21h30 ; Ⓜ Tiān'ānmén West, puis bus 5)

Dragonfly Therapeutic Retreat

MASSAGE

7 Plan p. 38, B6

Idéale pour un massage des pieds après des heures de marche dans la Cité interdite, cette enseigne populaire propose une vaste gamme de soins de détente. Le massage de 2 heures Hangover Relief (358 ¥) fait des merveilles après une nuit de fête, et le Royal Delight (538 ¥), modelage à quatre mains, est absolument divin. Massage standard d'une heure (corps ou pieds) à 188 ¥. (悠庭保健会所, Yōutíng Bǎojiàn Huìsuǒ ; ☎010 6527 9368 ; www.dragonfly.net.cn ; 60 Donghuamen Dajie, 东华门大街60号 ; ⏲11h-23h ; Ⓜ Tiān'ānmén East)

100% pékinois

Danser au pied de la tour du Tambour

La petite place entre les tours du Tambour et de la Cloche est idéale pour faire une pause, malgré les travaux de rénovation dans les environs. Le soir venu, les tours s'éclairent et les habitants des *hútòng* alentour viennent faire la fête. Particulièrement amusantes et très informelles, les danses accueillent volontiers les étrangers. Quand vous aurez fini de tourbillonner, allez prendre un verre à la **Ball House** (p. 46), cachée derrière la tour de la Cloche.

Se restaurer

Dàlǐ Courtyard

YÚNNÁN ¥¥¥

8 Plan p. 38, B2

Dans une cour rénovée nichée parmi les *hútòng*, ce restaurant est l'un des plus agréables de Pékin, surtout l'été (en hiver, la cour est couverte d'un toit assez laid). Spécialisé dans les saveurs délicates du Yúnnán (Sud-Ouest), il n'a pas de menu : pour 150 ¥ (boissons en supplément), on vient y déguster le plat du jour, élaboré suivant l'inspiration du chef. Sans mauvaise surprise. (大理, Dàlǐ ; ☎8404 1430 ; 67 Xiaojingchang Hútòng, Gulou Dongdajie, 鼓楼东大街小经厂胡同67号 ; menu 150 ¥ ; ⏲12h-14h et 18h-22h30 ; Ⓜ Andingmen)

Bǎihé Vegetarian Restaurant

CHINOIS, VÉGÉTARIEN ¥¥

9 Plan p. 38, D2

Ce restaurant avec cour meublé avec goût se double d'un salon de thé empreint de sérénité – les moines du temple des Lamas viennent souvent y prendre le thé. Le menu 100% végétarien (avec traduction anglaise) comprend des plats imaginatifs imitant la viande, des plats de légumes plus conventionnels et toute une gamme de nouilles savoureuses. (百合素食 ; Bǎihé Sùshí ; 23 Caoyuan Hútòng ; 东直门内北小街草园胡同甲23号 ; plats 25-60 ¥, thé tasse/théière à partir de 16/45 ¥ ; ⏲11h-22h ; 🚭 📋 ; Ⓜ Dongzhimen ou Beixinqiao)

Tàn Huā Lamb BBQ

BARBECUE ¥

10 Plan p. 38, C2

Les amateurs de viande de Pékin affluent vers cette adresse tapageuse où l'on rôtit de l'agneau à la broche sur son barbecue de table, avant d'en découper les morceaux à l'aide de couverts à long manche. Les tables à barbecue débordent dans le *hútòng* dans une atmosphère festive et conviviale. (碳花烤羊腿 ; Tàn Huā Kǎo Yángtuǐ ; 63 Beixinqiao Santiao, 北新桥三条63号 ; agneau 52 ¥/jin, accompagnements 2-18 ¥ ; 11h-minuit ; M Beixinqiao)

Source

SÌCHUĀN ¥¥¥

11 Plan p. 38, B3

La cuisine du Sìchuān revisitée avec élégance est servie dans une cour qui appartenait jadis à un célèbre général de la dynastie Qing. Une bonne adresse pour goûter les spécialités parmi les plus épicées, car les chefs n'y abusent pas des piments. On peut choisir parmi différents menus, renouvelés tous les mois. Vaste sélection de vins. (都江园 ; Dūjiāngyuán ; 010 6400 3736 ; 14 Banchang Hútòng ; 板厂胡同14号 ; menus 188 et 268 ¥ ; 11h-14h et 17h-22h ; M Nanluoguxiang)

Vineyard Café

OCCIDENTAL ¥¥

12 Plan p. 38, C1

Immense succès auprès des expatriés, ce café-restaurant décontracté, idéal pour un repas en famille, fut le premier à s'installer dans le Wudaoying Hútòng, de plus en plus tendance. Le menu se compose de classiques occidentaux tels que les pâtes et les tartes, de généreux steaks et de bonnes pizzas. Solide carte des vins et bières étrangères. (葡萄院儿, Pútáo Yuànr ; www.vineyardcafe.cn ; 31 Wudaoying Hútòng, 五道营胡同31号 ; plats 60-90 ¥ ; 11h-15h et 18h-22h, fermé lun ; M Yonghegong-Lama Temple)

Café Sambal

MALAISIEN ¥¥

13 Plan p. 38, A1

Ce restaurant malaisien décontracté situé à proximité de Jiugulou Dajie est installé à l'entrée de Doufuchi Hútòng dans une ancienne maison. Le bar minimaliste donne sur la cour exiguë recouverte d'un toit en hiver mais ouverte l'été. On y sert des classiques malaisiens : essayez le bœuf *rendang* (78 ¥) ou les différents *sambal* (à partir de 90 ¥). Vaste sélection de vins et bons mojitos (55 ¥). (010 6400 4875 ; 43 Doufuchi Hútòng, 旧鼓楼大街豆腐池胡同43号 ; plats 60-90 ¥ ; 11h-23h ; M Guloudajie)

Zuǒ Lín Yòu Shè

PÉKINOIS ¥

14 Plan p. 38, B4

Ce petit restaurant sans chichis sert une cuisine exclusivement pékinoise, avec pour spécialité le *dālián huǒshāo* (褡裢火烧), des raviolis de forme allongée dorés à l'huile et farcis de différents mélanges. Ceux au porc ont notre préférence, mais il en existe à l'agneau et au bœuf, et en versions végétariennes. Ils sont servis au *liǎng* (两) – un *liǎng* équivaut à trois raviolis. Vous serez encouragé à commander au moins deux *liǎng* (二两 ; *èr liǎng*) de chaque pour que la préparation soit rentable. (左邻右舍褡裢火烧 ; 50 Meishuguan Houjie, 美术馆后街50号 ; raviolis 6-7 ¥/liang, plats 10-30 ¥ ; 11h-21h30 ; ; M National Art Museum)

100% pékinois

Nanluogu Xiang

Huit fois centenaire, le *hútòng* de **Nanluogu Xiang** (plan p. 38, B3 ; 南锣鼓巷 ; M Nanluoguxiang) s'est arraché à sa torpeur d'antan pour devenir l'une des rues les plus tendance de la ville. Ses bars, ses cafés, ses restaurants et ses boutiques attirent une foule de jeunes Pékinois et de touristes chinois. Vous y passerez la journée à chercher des souvenirs et la nuit à faire la tournée des bars, mais ne manquez pas d'explorer les ruelles alentour. Si certaines sont envahies par les bars et les restaurants, beaucoup, comme Mao'er Hútòng, restent encore largement résidentielles. Vous y découvrirez des maisons à cour carrée occupées par les mêmes familles depuis des générations. D'autres *hútòng* méritent le détour :

- Guozijian Jie, près du temple de Confucius
- Zhonglouwan Hútòng, près de la tour du Tambour
- Jiansuo Zuoxiang, où se tient l'ancienne maison de Mao Zedong

Jīn Dǐng Xuān

CANTONAIS ¥¥

15 Plan p. 38, C1

Près de la porte sud du parc Dìtán, ce gigantesque restaurant, éclairé au néon et ouvert 24h/24, occupe trois étages. Il sert un *dim sum* d'un bon rapport qualité/prix, ainsi que d'autres plats pour la plupart cantonais. Le *dim sum* (点心 ; *diǎn xin*) figure dans la seconde moitié du menu, "Snacks du nord et du sud". (金鼎轩 ; 77 Hepingli Xijie, 地坛南门和平里西街77号 ; dim sum 10-20 ¥, plats 30-100 ¥ ; 24h/24 ; ; M Yonghegong-Lama Temple)

Marché de nuit de Dōnghuámén

CUISINE DE RUE ¥

16 Plan p. 38, B6

Curiosité touristique en soi, le marché nocturne près de Wángfǔjǐng Dajie est une véritable exposition gastronomique : brochettes de viande, épis de maïs, *dòufu* (tofu) odorant, cigales, sauterelles, rognons, œufs de caille, serpents, calamars, porridge, crêpes, fromage de Mongolie-Intérieure, cœurs de poulet, pita à la viande, crevettes... entre autres ! (东华门夜市, Dōnghuámén Yèshì ; Dong'anmen Dajie, 东安门大街 ; snacks 5-15 ¥ ; 16h-22h ; M Wángfǔjǐng)

Chez Gérard

TRAITEUR ¥

17 Plan p. 38, C1

Cette boucherie française occupant deux devantures adjacentes permet de s'approvisionner pour un pique-nique : du pain frais, des fromages importés,

PETER ADAMS/GETTY IMAGES ©

Chef sur le marché de nuit de Dōnghuámén

différentes viandes froides et quelques vins étrangers abordables. (40 Jianchang Hútòng, près de Guozijian Jie, 国子监街, 箭厂胡同40号 ; ⌚10h-22h30)

Prendre un verre

Mao Mao Chong Bar

BAR

18 Plan p. 38, B3

Chouchou des expatriés, petit mais animé, ce bar propose des cocktails d'un bon rapport qualité/prix dans un intérieur rustique. Non-fumeur. Les pizzas (40-65 ¥) ont très bonne presse. (毛毛虫, Máo Máo Chóng ; 12 Banchang Hútòng, 板厂胡同12号 ; bières à partir de 35 ¥, cocktails 40-50 ¥ ; ⌚19h-minuit, fermé lun-mar ; 🚭 ; M Nanluoguxiang)

El Nido

BAR

19 Plan p. 38, C1

Ce bar convivial minuscule propose plus d'une centaine de bières importées. Pas de carte : servez-vous directement dans le réfrigérateur. Les bières étrangères commencent à 30 ¥, tandis que la Harbin ne revient qu'à 10 ¥ la bouteille. Quelques spiritueux étrangers également, notamment plusieurs variétés d'absinthe. (59号酒吧, Wǔshíjiǔ Hào Jiǔbā ; 59 Fangjia Hútòng, 方家胡同59号 ; bières à partir de 10 ¥ ; ⌚18h-tard ; M Andingmen)

Modernista

BAR

20 Plan p. 38, A1

Aménagé comme un bar à tapas européen, ce petit bar draine une

Plastered 8

clientèle élégante et branchée grâce à ses concerts (surtout du jazz) et à ses manifestations culturelles – projections de films, cours de danse, soirées mahjong. Boissons abordables : bières et pastis à partir de 15 ¥ ; vins étrangers à partir de 30 ¥. L'étage supérieur donne sur la petite scène. Quelques tapas au menu (30-50 ¥). (老摩 ; Lǎo Mó ; 44 Baochao Hútòng, 宝钞胡同44号 ; ⏲16h-2h, fermé lun ; M Guloudajie)

Ball House BAR

21 Plan p. 38, A2

Ce bar est un secret bien gardé : impossible de tomber dessus par hasard. Il n'est annoncé par aucune enseigne et se trouve en retrait du principal *hútòng* (qui serpente aux abords de la tour de la Cloche), au bout d'une allée étroite semblant mener à des logements ordinaires. Du linge sèche à l'extérieur, près des vélos appuyés contre le mur, mais en passant par la porte au bout de l'allée, vous pénétrerez dans une pièce immense à deux étages, joliment restaurée. C'est l'un des bars les plus originaux de la capitale. (波楼酒吧, Bōlóu Jiǔbā, Lǎo Mó ; 40 Zhonglouwan Hútòng, 钟楼湾胡同40号 ; ⏲14h-2h ; M Guloudajie)

Great Leap Brewing BAR, BRASSERIE

22 Plan p. 38, A2

Première microbrasserie de Pékin, ce bar occupe une cour séculaire datant de la dynastie Qing. D'une simplicité rafraîchissante, il est tenu par Carl Setzer, un Américain passionné de bière. Difficile à trouver mais joliment rénové, il propose une merveilleuse sélection de bières fabriquées en grande partie à base d'ingrédients locaux. Optez pour une bière classique (blonde légère, porter) ou choisissez parmi les variétés d'inspiration chinoise telles que la Honey Ma, fabriquée à partir de poivre du Sìchuān bien corsé. (大跃啤酒, Dàyuè Píjiǔ ; www.greatleapbrewing.com ; 6 Doujiao Hútòng, 豆角胡同6号 ; 25-50 ¥ bière/pinte ; ⏲14h-minuit ; M Shíchàhǎi)

Sortir

Yúgōng Yíshān

CONCERTS

23 Plan p. 38, C3

Ce bâtiment historique réputé hanté abritait jadis des membres de la dynastie Qing et des seigneurs de la guerre, puis des militaires sous l'occupation japonaise dans les années 1930. Les lamentations des fantômes sont étouffées par les groupes locaux et étrangers, les artistes solo et les DJ qui se produisent ici chaque semaine. (愚公移山 ; ☎010 6404 2711 ; www.yugongyishan.com ; 3-2 Zhangzizhong Lu, Cour ouest, 张自忠路3-2, 号段祺瑞执政府旧址西院 ; à partir de 50 ¥ ; ⏲19h-2h ; M Zhangzizhonglu)

Shopping

Famous Tea of China

THÉ

24 Plan p. 38, B2

Ce petit magasin de thé est tenu par un sympathique couple qui ne parle presque pas anglais mais se montre on ne peut plus conciliant avec les touristes étrangers. Le thé est généralement vendu au poids – au *jīn* (500 g) ou, plus souvent au *liǎng* (50 g). Quelques services à thé en vente. (福建茶行 ; Fújiàn Cháháng ; 123 Gulou Dongdajie ; 鼓楼东大街123号 ; ⏲8h-22h)

Plastered 8

VÊTEMENTS

25 Plan p. 38, B2

Cette boutique britannique, emblématique de Nanluogu Xiang, vend des T-shirts (à partir de 158 ¥) frappés de slogans ironiques empruntés à la culture chinoise, ainsi que des masques antipollution (à partir de 180 ¥). Juste en face de la boutique, on peut lire l'un des derniers slogans datant de la révolution culturelle, qui exhorte le peuple à faire confiance à l'Armée populaire de libération. (创可贴T-恤 ; Chuàngkětiē Tìxù ; www.plasteredtshirts.com ; 61 Nanluogu Xiang ; 南锣鼓巷61号 ; ⏲10h-22h ; M Nanluoguxiang)

Les incontournables
Les hútòng

Comment y aller

Ⓜ Pour la tour du Tambour, ligne 8 jusqu'à Shíchàhǎi.

Ⓜ Lignes 2 ou 5 pour Yonghegong Lama Temple.

Ⓜ Ligne 2 pour Qiánmén, au sud-ouest de la place Tiān'ānmén.

Quadrillant le centre-ville, les *hútòng* (胡同) constituent l'âme véritable de la capitale, du moins son versant traditionnel. Il faut absolument parcourir ces charmantes ruelles ancestrales qui donnent un aperçu du Pékin d'antan. Même si ces quartiers ont été partiellement détruits, ils logent encore près de 20% des habitants de la capitale. C'est en les explorant que vous découvrirez la vie pékinoise dans toute son authenticité et son effervescence.

Yandai Xiejie, quartier des lacs Hòuhǎi (voir p. 122)

À ne pas manquer

Promenade à vélo

S'il est facile de parcourir les *hútòng* à pied, le vélo est encore plus indiqué. La circulation est beaucoup moins intense que sur les grandes artères et vous pourrez couvrir facilement de longues distances.

Maisons à cour carrée

Les maisons à cour carrée, ou *sìhéyuàn* (四合院), constituent l'habitation de base. Si certaines sont devenues des musées, beaucoup sont toujours habitées, bien que la plupart aient été subdivisées et abritent plusieurs familles et non plus une seule, comme à l'époque impériale. Les plus imposantes possèdent de grandes portes rouges ouvrant sur la cour ou sur une série de cours ; elles sont parfois gardées par des lions de pierre.

Résidence du prince Gong

Cette splendide **propriété** (恭王府, Gōngwáng Fǔ ; ☎010 8328 8149 ; 14 Liuyin Jie ; entrée 40 ¥, visite avec opéra court et cérémonie du thé 70 ¥ ; ⏲7h30-16h30 mars-oct, 8h-16h nov-mars ; Ⓜ Ping'anli), comprenant des pavillons et des jardins, est sans le plus célèbre exemple de maison à cour carrée. Elle aurait servi de modèle à celle décrite dans *Le Rêve du pavillon rouge,* l'un des grands classiques de la littérature chinoise.

Partir à l'aventure

La plupart des *hútòng* sont orientés est-ouest, même si certains, comme Nanluogu Xiang, courent du nord au sud. Les *hútòng* s'apparentent parfois à des labyrinthes, avec leurs tours et détours, leurs passages rectilignes, incroyablement étroits ou, au contraire, larges et plantés d'arbres, et le seul moyen d'en découvrir toute la diversité est de se promener au hasard. N'ayez pas peur de vous perdre : vous n'êtes jamais très loin d'un grand axe.

▶ Les *hútòng* s'étendent autour de la tour du Tambour, du temple des Lamas à l'ouest de la Cité interdite et au sud-ouest de Tiān'ānmén.

☑ À savoir

▶ Les habitants des *hútòng* sont accueillants et leurs portes souvent ouvertes, mais demandez toujours la permission avant de jeter un coup d'œil à l'intérieur.

▶ Après avoir exploré les *hútòng* des environs de la tour du Tambour ou du temple des Lamas, rendez-vous à Nanluogu Xiang, qui regroupe aujourd'hui de nombreux bars, restaurants et boutiques.

✕ Une petite faim ?

Les *hútòng* comptent de petits restaurants et cafés. Près du temple des Lamas, essayez le chaleureux **Café Confucius** (plan p. 38, C1 ; 秀冠咖啡, Xiù Guàn Kāfēi ; 25 Guozijian Jie 国子监街 25 号 ; ⏲8h30-20h30 ; 📶).

Explorer

Parc du temple du Ciel et sud de Dōngchéng

Même les plus blasés des visiteurs ne peuvent qu'être éblouis par le remarquable temple du Ciel (天坛 ; Tiāntán), point fort du sud de Dōngchéng (城南), un quartier tranquille qui englobe le district de Chóngwén aujourd'hui disparu. Beaucoup des meilleurs restaurants de canard laqué de la capitale se trouvent ici, ainsi que le célèbre marché aux perles Hóngqiáo, qui attire des acheteurs du monde entier.

L'essentiel en un jour

Arrivez tôt au **parc du temple du Ciel** (p. 52) pour voir les habitants commencer leur journée en dansant et en faisant du tai-chi (photo à gauche) sous les vieux cyprès. Vous serez bien placé pour visiter le temple du Ciel dès son ouverture à 8h. Ne manquez pas de tester les qualités acoustiques du mur de l'Écho tant que la foule n'est pas encore là.

Quittez le parc par la porte est et marchez sur quelques centaines de mètres au nord jusqu'au **marché aux perles Hóngqiáo** (p. 57), où vous attendent cinq étages de perles, de bijoux et de jades. Après avoir fait le plein de trésors, prenez le métro pour rejoindre le **parc des ruines de l'enceinte Ming** (p. 55) et la **tour de guet de l'angle sud-est** (p. 55). De là, partez vers l'ouest dans les *hútòng* encore intacts en direction de Qiánmén.

Ce quartier paisible regroupe d'excellentes adresses pour déguster du canard laqué, comme le **Lìqún Roast Duck Restaurant** (p. 55). Le quartier des Légations recèle aussi des établissements réputés, tels que le **Lost Heaven** (p. 56).

Les incontournables

Parc du temple du Ciel (p. 52)

Le meilleur du quartier

Se restaurer

Lìqún Roast Duck Restaurant (p. 55)

Qiánmén Quánjùdé Roast Duck Restaurant (p. 56)

Biànyífāng (p. 56)

Capital M (p. 57)

Dūyīchù (p. 56)

Temple

Temple du Ciel (p. 52)

Marché

Marché aux perles Hóngqiáo (p. 57)

Comment y aller

Métro Ligne 5 jusqu'à Tiantandongmen pour le temple du Ciel et le marché aux perles Hóngqiáo. Ligne 5 vers le nord jusqu'à Chongwenmen pour les ruines de l'enceinte Ming et la tour de guet de l'angle sud-est. La ligne 2 passe aussi par Chongwenmen, et par Qiánmén pour les restaurants de canard laqué et le quartier des Légations.

Les incontournables
Parc du temple du Ciel

Cet ensemble de pavillons et d'autels situé dans un joli parc est un modèle d'architecture Ming. Chaque année, les empereurs, ou « fils du Ciel », venaient y solliciter la clémence divine, obtenir de bonnes moissons et expier les péchés de leur peuple au cours d'une cérémonie faite de prières et de sacrifices rituels. Les formes, les couleurs et les sons, tout se combine ici pour revêtir une signification symbolique. Ce parc constitue par ailleurs un havre de paix dans le tohu-bohu de la capitale.

Tiāntán Gōngyuán (天坛公园)

Plan p. 54, B3

parc seul/parc et temple haute saison 15/35 ¥, basse saison 10/30 ¥

parc 6h-20h, temple 8h-17h30 avr-oct ; temple 8h-17h nov-mars

M Tiantandongmen

À ne pas manquer

Temple de la Prière pour de bonnes moissons 祈年殿

Pièce maîtresse du parc, le **temple de la Prière** (祈年殿, Qínián Diàn ; 20 ¥) est un magnifique édifice posé sur trois terrasses en marbre et coiffé d'un triple toit de tuiles d'un bleu violacé. Les piliers de bois soutiennent le plafond sans clou ni ciment – une prouesse technique pour un bâtiment de 38 m de hauteur et de 30 m de diamètre.

Mur de l'Écho

Ce **mur** (回音壁 ; Huíyīn Bì) de 65 m possède des propriétés acoustiques qui permettent d'entendre un chuchotement d'un bout à l'autre. Dans la cour, remarquez les **dalles aux trois sons** : on dit que lorsqu'on tape dans ses mains ou pousse un cri, le bruit produit un écho simple sur la première dalle, double sur la deuxième et triple sur la troisième.

Autel circulaire

Haut de 5 m, l'**autel circulaire** (圜丘 ; Yuán Qiū) se compose de trois terrasses. Sa géométrie repose sur le chiffre impérial du 9 – les nombres impairs étaient tenus pour célestes et le 9 est le dernier nombre impair à un seul chiffre. Si vous émettez un son au milieu de la terrasse supérieure, il se répercutera sur les balustrades de marbre en s'amplifiant.

Parc

Venez vous délasser dans le parc : les 4 000 cyprès noueux, âgés de quelque 800 ans et aux branches soutenues par des tuteurs, fournissent une ombre bienvenue. Dans les parcs chinois, l'irrégularité sauvage de la nature est tenue en respect, et l'ordre, l'équilibre et l'harmonie qui en résultent confèrent au lieu une beauté obsédante.

☑ À savoir

- Prendre le billet complet (parc et temple) ou acheter séparément les billets pour le parc (15 ¥) et le temple (20 ¥) ne fait aucune différence en termes de coût : aussi, gagnez du temps en achetant le billet complet.

- On accède au parc par l'une des quatre portes situées à chacun des quatre points cardinaux. Pour faire comme les empereurs, entrez par la porte sud.

Une petite faim ?

Pour vous reposer après la visite du parc, **Wedomé** (plan p. 54, C3 ; 味多美, Wèiduōměi ; ☎010 6715 9205 ; 12 Tiyuguan Lu, 体育馆路12号 ; café et thé à partir de 10 ¥ ; ⏰7h30-21h ; Ⓜ Tiantandongmen), en face de la porte est, sert du café et des gâteaux corrects. Sinon, prenez le métro ou le taxi pour déguster des raviolis chez **Dūyīchù** (p. 56).

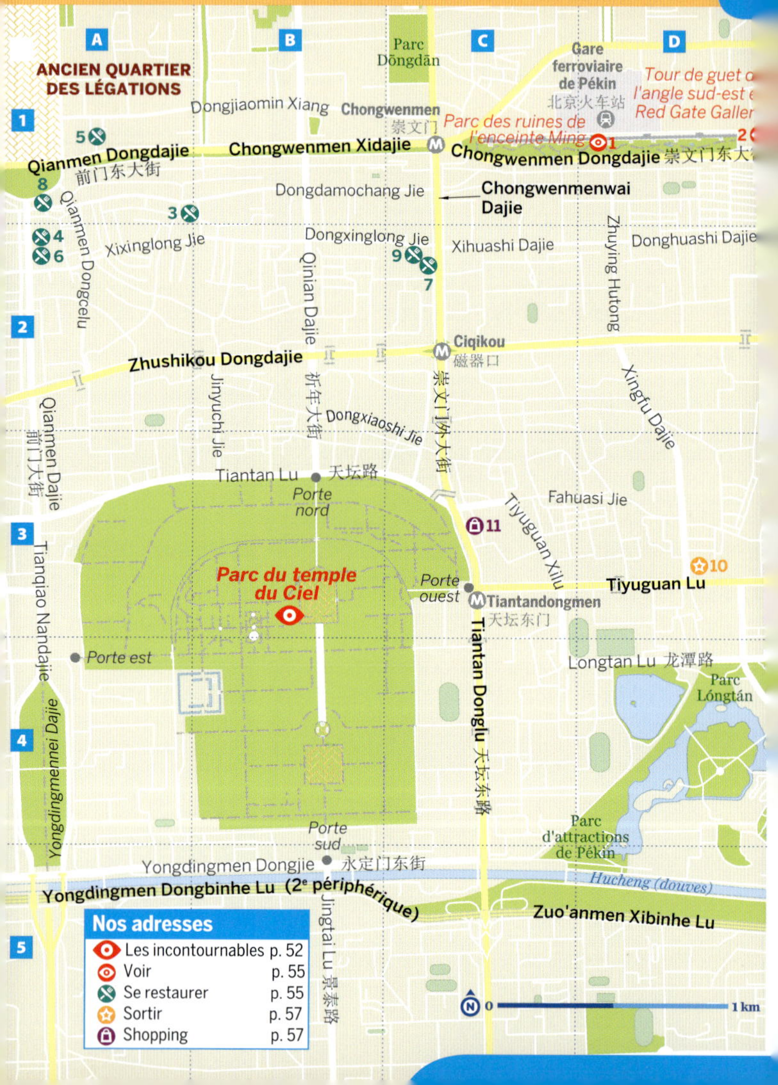
A
B
C
D
1
2
3
4
5
ANCIEN QUARTIER DES LÉGATIONS
Parc Dōngdān
Gare ferroviaire de Pékin
北京火车站
Tour de guet d l'angle sud-est e Red Gate Galler
Dongjiaomin Xiang
Chongwenmen
崇文门
Parc des ruines de l'enceinte Ming
1
2
Qianmen Dongdajie
前门东大街
Chongwenmen Xidajie
Chongwenmen Dongdajie 崇文门东大
Dongdamochang Jie
Chongwenmenwai Dajie
Qianmen Dongcelu
Xixinglong Jie
Dongxinglong Jie
Xihuashi Dajie
Zhuying Hutong
Donghuashi Dajie
Qinian Dajie
Ciqikou
磁器口
Zhushikou Dongdajie
Jinyuchi Jie
祈年大街
Dongxiaoshi Jie
崇文门外大街
Xingfu Dajie
Qianmen Dajie
前门大街
Tiantan Lu
天坛路
Porte nord
Fahuasi Jie
Tiyuguan Xilu
11
10
Tiyuguan Lu
Tianqiao Nandajie
Parc du temple du Ciel
Porte ouest
Tiantandongmen
天坛东门
Tiantan Donglu 天坛东路
Porte est
Longtan Lu 龙潭路
Parc Lóngtán
Yongdingmennei Dajie
Porte sud
Parc d'attractions de Pékin
Yongdingmen Dongjie
永定门东街
Hucheng (douves)
Yongdingmen Dongbinhe Lu (2e périphérique)
Zuo'anmen Xibinhe Lu
Jingtai Lu 景泰路
0
1 km
Nos adresses
Les incontournables p. 52
Voir p. 55
Se restaurer p. 55
Sortir p. 57
Shopping p. 57

Voir

Parc des ruines de l'enceinte Ming

MURAILLE

1 Plan p. 54, D1

Cette section restaurée du mur d'enceinte Ming longe le nord de Chongwenmen Dongdajie et jouxte un petit parc. C'est tout ce qu'il reste de l'ancienne muraille de 24 km de long, dont la démolition commença dans les années 1960 pour faire place aux nouvelles routes et au réseau de métro. (明城墙遗址公园, Míng Chéngqiáng Yízhǐ Gōngyuán ; Chongwenmen Dongdajie ; 24h/24 ; M Chongwenmen)

Tour de guet de l'angle sud-est et Red Gate Gallery

TOUR DE GUET, MUSÉE

2 Plan p. 54, D1

Cette imposante fortification au double toit de tuiles vertes se dressant au sud de l'Observatoire antique de Pékin remonte à la dynastie Ming. Montez sur les remparts pour profiter de la vue aux côtés des Chinois à l'appareil photo dégainé, qui guettent avidement les trains quittant ou arrivant avec fracas en gare de Pékin. Ne manquez pas les **inscriptions** gravées dans les murs par les soldats des forces alliées lors de la révolte des Boxers. (东南角楼、红门画廊, Dōngnán Jiǎolóu et Hóngmén Huàláng ; 010 6527 0574 ; www.redgategallery.com ; 10 ¥ ; 8h-17h30 ; M Jianguomen ou Chongwenmen)

GREG ELMS/GETTY IMAGES ©

Parc des ruines de l'enceinte Ming

Se restaurer

Lìqún Roast Duck Restaurant

CANARD LAQUÉ ¥¥¥

3 Plan p. 54, A1

Lorsqu'on entre dans ce restaurant compact agrémenté d'une cour, on est accueilli par la vision d'une rangée de canards pendus à des crochets dans des fours rougeoyants. Le fameux volatile est tellement demandé qu'il est indispensable de réserver au préalable – aussi bien le canard que la table ! Sinon, venez aux heures creuses et patientez une heure. (利群烤鸭店, Lìqún Kǎoyādiàn ; 010 6702 5681, 010 6705 5578 ; 11 Beixiangfeng Hútòng, 前门东大街正义路南口北翔凤胡同11号 ;

canard laqué 2/3 personnes 255/275 ¥ ; 10h-22h ; ; M Qiánmén)

Qiánmén Quánjùdé Roast Duck Restaurant CANARD LAQUÉ ¥¥¥

4 Plan p. 54, A2

Cette adresse est la plus appréciée de la fameuse chaîne pékinoise (notez les photos de célébrités comme Fidel Castro et Zhang Yimou). Le canard n'est certes pas le meilleur de la ville, mais il est cuit dans un four alimenté par du bois d'arbre fruitier, ce qui lui confère une fragrance unique. Il est en outre particulièrement juteux, quoiqu'un peu gras. (前门全聚德烤鸭店, Qiánmén Quánjùdé Kǎoyādiàn ; 010 6701 1379 ; 30 Qiánmén Dajie, 前门大街30号 ; canard laqué 296 ¥ ; 11h-13h30, 16h30-20h ; ; M Qiánmén)

Lost Heaven YÚNNÁN ¥¥¥

5 Plan p. 54, A1

Branche pékinoise du célèbre restaurant de Shànghǎi, Lost Heaven est spécialisé dans la cuisine traditionnelle du Yúnnán. Si l'usage des épices est modéré, les saveurs subtiles et légères suffiront à vous transporter jusqu'au sud-ouest parfumé de la Chine. Le cadre élégant, dans l'ancien quartier des Légations, est un atout supplémentaire, tout comme la terrasse extérieure l'été. (花马天堂, Huāmǎ Tiāntáng ; 010 8516 2698 ; 23 Qiánmén Dongdajie, 前门东大街23号 ; plats à partir de 68 ¥ ; 11h-14h, 17h30-22h30 ; ; M Qiánmén)

Dūyīchù RAVIOLIS ¥¥

6 Plan p. 54, A2

De retour dans la rue où il avait jadis ouvert ses portes, sous la dynastie Qing, Dūyīchù a pour spécialité les délicats raviolis *shāomài* (42-52 ¥). Mention spéciale aux raviolis crevettes-poireaux et aux versions végétariennes, à la fois goûteux et joliment présentés. Il existe aussi une belle gamme de variations saisonnières, notamment au maïs doux et aux haricots sucrés l'été, et au bœuf et à l'igname l'hiver. (都一处 ; 010 6702 1671 ; 38 Qiánmén Dajie, 前门大街38号 ; plats à partir de 32 ¥ ; 6h30-21h30 ; ; M Qiánmén)

Biànyífāng CANARD LAQUÉ ¥¥¥

7 Plan p. 54, C2

Biànyífāng affirme être le plus ancien restaurant de canard laqué, invoquant tout un héritage remontant à l'empereur Qing Xianfeng. La volaille est cuite façon *mènlú* dans un four fermé, ce qui rend la viande savoureuse et tendre – dans les fours semi-ouverts, le canard est suspendu durant la cuisson. (便宜坊烤鸭店, Biànyífāng Kǎoyādiàn ; 010 6708 8680 ; 3e ét., centre commercial China New World, 5 Chongwenmenwai Dajie, 崇文门外大街5号新世界商场二期三层 ; canard laqué 198 ¥ ; 11h-21h30 ; ; M Chongwenmen)

Capital M MÉDITERRANÉEN ¥¥¥

8 Plan p. 54, A1

La terrasse de ce restaurant pimpant mais décontracté offre une belle vue sur la porte du Devant (Qiánmén) et la place Tiān'ānmén. On y sert des classiques méditerranéens sans chichis ; en semaine, le menu déjeuner est d'un bon rapport qualité/prix (188 ¥). L'établissement est situé au bout de la première rue à gauche, au début de Qiánmén Dajie ; un "M" est suspendu à l'extérieur du bâtiment. Réservez. (M餐厅, M Cāntīng ; ☎010 6702 2727 ; 3e ét., 2 Qiánmén Dajie, 前门步行街2号 ; plats à partir de 198 ¥ ; 🕒11h30-15h et 17h30-22h ; 🚭 📋 ; Ⓜ Qiánmén)

Old Běijīng Zhájiàng Noodle King

NOUILLES ¥

9 🍴 Plan p. 54, C2

Malgré son style pékinois faussement à l'ancienne (deux cyclo-pousse sont garés devant l'entrée), ce restaurant est toujours pris d'assaut (surtout au déjeuner) par la clientèle locale qui vient pour ses fameuses nouilles à la pâte de haricots, spécialité de la maison. Les nouilles sont servies accompagnées de sauce, d'échalotes et de viande ou légumes, au choix. (老北京炸酱面大王, Lǎo Běijīng Zhájiàng Miàn Dàwáng ; 56 Dongxinglong Jie, 东兴隆街56号 ; nouilles à partir de 18 ¥, autres plats à partir de 28 ¥ ; 🕒10h45-22h ; 📋 ; Ⓜ Chongwenmen)

Sortir

Théâtre rouge

SPECTACLE D'ACROBATIE

10 ⭐ Plan p. 54, D3

Le spectacle quotidien donné ici, *La Légende du Kung-fu,* décrit le périple d'un jeune homme pour devenir moine-guerrier. Les scènes de combat virtuoses et chargées d'adrénaline alternent avec des danses plus méditatives et de nombreux numéros d'acrobatie stupéfiants, comme la suspension en équilibre sur la pointe de lances. Le théâtre, entièrement rouge, situé en retrait de la route, est facilement repérable. (红剧场, Hóng Jùchǎng ; ☎010 6714 2473 ; 44 Xingfu Dajie, 幸福大街44号 ; billets 200-680 ¥ ; 🕒spectacles 17h15 et 19h30 ; Ⓜ Tiantandongmen)

Shopping

Marché aux perles Hóngqiáo

MARCHÉ

11 🛍 Plan p. 54, C3

Outre un vaste étalage de marchandises (chaussures, vêtements, produits cosmétiques, appareils électroniques, sacs), Hóngqiáo renferme plus de perles que la mer de Chine méridionale. On en trouve une grande variété (perles d'eau douce ou de mer, blanches ou noires) et les prix varient énormément en fonction de la qualité.

Explorer

Parc Běihǎi et Xīchéng

Jadis lieu de divertissement des empereurs, les trois lacs qui dominent le quartier de Xichéng (西城) se prêtent à merveille aux activités de plein air, avec le parc Běihǎi (北海公园 ; Běihǎi Gōngyuán) en leur centre. L'ancien quartier de Xuānwǔ offre quant à lui de magnifiques temples et *hútòng*, ainsi que certaines des plus vieilles boutiques de Pékin. Impossible de s'ennuyer ici !

L'essentiel en un jour

Commencez par le **musée de la Capitale** (p. 66, photo à gauche), le plus beau musée de Pékin et l'endroit idéal pour s'informer sur les traditions populaires, puis prenez le métro vers l'est jusqu'à Liulichang Xijie, une rue commerçante spécialisée dans les antiquités et l'art de la calligraphie. De là, un tour dans les *hútòng* vous fera découvrir certaines des plus anciennes boutiques de la capitale.

Goûtez les fameux raviolis de **Gǒubùlǐ** (p. 67) avant de reprendre le métro pour passer l'après-midi au **parc Běihǎi** (p. 60) et à **Hòuhǎi** (p. 69). Visitez les temples du parc, promenez-vous en barque sur les lacs en été ou louez des patins à glace en hiver.

De bons restaurants, comme **Le Petit Saïgon** (p. 67), abondent à Hòuhǎi. Le sud de ce quartier est réputé pour son opéra de Pékin et ses spectacles acrobatiques. La très pittoresque **Húguǎng Guild Hall** (p. 70) propose des représentations d'opéra de Pékin, tandis que les artistes du **théâtre de spectacles d'acrobatie Tiānqiáo** (p. 70) vous émerveilleront. Vous pouvez aussi écouter un concert de jazz au très décontracté **East Shore Jazz Café** (p. 71).

Pour une journée 100% pékinoise au parc Běihǎi et à Xīchéng, voir p. 62.

Les incontournables

Parc Běihǎi (p. 60)

100% pékinois

Un voyage dans le temps à Dashilar (p. 62)

Le meilleur du quartier

Se restaurer

Le Petit Saigon (p. 67)

Gǒubùlǐ (p. 67)

Turpan Restaurant (p. 68)

Shopping

Three Stone Kite Shop (p. 72)

Yuèhǎixuān Musical Instrument Store (p. 72)

Xián Yàn Tāng (p. 73)

Róngbǎozhāi (p. 73)

Marché

Marché de thé de Mǎliándào (p. 73)

Comment y aller

Ⓜ **Métro** Pour le parc Běihǎi, sortez à Xisi (ligne 4) ou à Nanluoguxiang (ligne 8). Pour Hòuhǎi, prenez la ligne 8 jusqu'à Shíchàhǎi ou Nanluoguxiang. La station Muxidi (ligne 1) dessert le musée de la Capitale et le temple du Nuage blanc. Pour Lilulichang et Dashilar, prenez la ligne 2 jusqu'à Hepingmen et Qiánmén.

Les incontournables
Parc Běihǎi

Jadis le palais du grand empereur mongol Kubilaï Khan, puis le jardin royal réservé aux souverains de la dynastie Yuan, le parc Běihǎi (北海公园) est une véritable oasis pour les Pékinois. Avec le lac qui s'étend en son milieu, ses temples, ses pavillons et son « mur aux esprits », il permet de combiner visite et détente, qu'il s'agisse de se promener en bateau, de faire un pique-nique ou simplement de regarder passer les gens.

北海公园, Běihǎi Gōngyuán

Plan p. 64, E3

parc/parc et sites haute saison 10/20 ¥, basse saison 5/15 ¥

6h-21h, sites 6h-17h

Ⓜ Xisi ou Nanluoguxiang

À ne pas manquer

Île de Jade

Aménagée avec la terre excavée pour créer le lac Běihǎi, l'**île de Jade** (琼华岛, Qiónghuá Dǎo), dominée par le **Dagoba blanc**, haut de 36 m, s'étend dans le coin sud-est du lac. On y accède par une passerelle proche de l'entrée sud ou par bateau (10 ¥) depuis la rive nord-ouest.

Temple Yongan

Ce **temple** (永安寺 ; Yǒngān Sì) impressionnant, point fort de l'île de Jade, vaut surtout pour sa **salle de la Roue de la loi** (法轮殿 ; Fǎlún Diàn), occupée en son centre par une effigie du Bouddha Shakyamuni (un des noms attribués au chef spirituel du bouddhisme). À l'arrière du temple, où pousse un bosquet de bambous, un escalier raide conduit à d'autres salles, où une dernière volée de marchées permet d'atteindre le **Dagoba blanc** (白塔 ; Báitǎ).

Xītiān Fànjìng

Le temple de **Xītiān Fànjìng** (西天梵境, Paradis occidental), l'un des temples les plus intéressants de Pékin, se dresse à l'ouest de l'entrée nord du parc. La **salle Dàcízhēnrú** (大慈真如殿 ; Dàcízhēnrú Diàn), datant de la dynastie Ming, est soutenue par d'immenses piliers de bois. Elle contient trois gigantesques statues du Bouddha Shakyamuni, du Bouddha Amitābha (en posture de méditation) et du Bouddha Yaoshi fo (Bouddha de la Médecine). Un peu plus loin, on voit miroiter les céramiques colorées du **mur des Neuf Dragons** (九龙壁 ; Jiǔlóng Bì ; compris dans le billet combiné), un « mur aux esprits » de 5 m de hauteur et de 27 m de longueur.

À savoir

- On accède au parc par la porte sud, dans Wenjin Jie, ou par la porte nord, dans Di'anmen Xidajie. Si vous prévoyez de rejoindre ensuite les lacs Hòuhǎi, le mieux est d'entrer par le sud et de sortir par le nord.
- Le parc est un bon endroit pour voir s'exercer les amateurs de tai-chi ; ils se rassemblent sur la rive nord, devant le temple Xītiān Fànjìng.
- Achetez le "billet complet" (parc et sites) pour pouvoir visiter tous les édifices.

Une petite faim ?

Le parc Běihǎi est parfait pour pique-niquer, tandis que les lacs Hòuhǎi tout proches sont entourés de cafés et de restaurants. Essayez **Le Petit Saigon** (p. 67) pour un repas et/ou un café, ou **Kǎo Ròu Jì** (p. 67) pour son canard d'un bon rapport qualité/prix, son agneau délicieux et sa vue sur le lac.

100% pékinois

Voyage dans le temps à Dashilar

Centré sur la vieille rue commerçante de Dashilar (大栅栏), ce dédale de hútòng au sud-ouest de la place Tiān'ānmén (p. 30) permet une incursion dans le Pékin d'autrefois. Malgré la présence de quelques constructions récentes, le quartier conserve une ambiance médiévale. Flâner dans ses petites ruelles animées, bordées de maisons et de boutiques, permet de s'imprégner de l'ambiance de cet univers traditionnel.

❶ Une longue histoire

L'entrée de Dashilar, officiellement baptisé Dazhalan Jie (大栅栏街), se trouve dans une minuscule ruelle partant de Qiánmén Dajie. L'activité qui y règne n'a pas changé depuis l'époque Qing, quand cette zone était le principal quartier marchand de Pékin. À l'époque, chacune des allées alentour était spécialisée dans un produit particulier.

❷ Pilules et potions

Dispensaire royal sous les Qing, **Tóngréntáng** (同仁堂 ; ☎010 6303 1155 ; 24 Dazhalan Jie 大栅栏街 24 号 ; ⏰8h-19h30 ; Ⓜ Qiánmén) vend des pilules et des potions depuis 1669 et ses médicaments à base de plantes font appel à des recettes secrètes. Il est possible de consulter sur place l'un des praticiens de médecine chinoise traditionnelle.

❸ Cinéma Daguanlou

Si Dashilar est devenu un quartier commerçant, c'est parce que les boutiques étaient interdites dans la cité impériale, de même que les théâtres et les maisons de passe. C'est ainsi que le premier cinéma de la capitale s'est ouvert ici, en 1903 : le **cinéma Daguanlou** (大观楼影城, Dàguānlóu Yǐngchéng ; 36 Dazhalan Jie 大栅栏街 36 号 ; billets 40-50 ¥ ; ⏰9h-23h30 ; Ⓜ Qiánmén), le plus vieux cinéma du monde toujours en activité, continue de projeter des films tous les jours.

❹ Tofu fermenté

En traversant Meishi Jie pour pénétrer dans la partie ouest de Dazhalan Jie (大栅栏西街), vous serez assailli par l'odeur nauséabonde, et très reconnaissable, du tofu fermenté. Les étals qui bordent la rue à cet endroit en vendent, c'est un en-cas prisé à Pékin. Si vous préférez vous abstenir, essayez plutôt le *jiānbǐng*, une sorte de crêpe, ou le *ròubǐng*, un pain farci à la viande.

❺ Temple de Guanyin

Les *hútòng* regorgent de petits temples qui constituaient jadis le centre de la vie communautaire et dont certains ont été transformés en restaurants ou en maisons d'habitation. Dazhalan Xijie s'appelait à l'origine Guanyinsi Jie (观音寺街), du nom d'un sanctuaire dont il ne subsiste qu'une plaque sur un mur.

❻ Slogans passés de mode

Il reste très peu de vestiges visibles de la révolution culturelle à Pékin, bien que cette période tumultueuse et sanglante de l'histoire chinoise n'ait pris fin qu'en 1976. Toutefois, observez soigneusement cette **maison** (27 Yingtao Xijie) et vous distinguerez sur un mur le slogan "Vive la révolution" (革命万岁), en caractères rouges à demi effacés.

❼ Quartier des plaisirs

Le labyrinthe de petites ruelles qui partent de Dazhalan Xijie formait autrefois le quartier chaud de la capitale. Il ne reste pas grand-chose de ce passé sulfureux. Le **Leo Courtyard** (上林宾馆, Shànglín Bīnguǎn ; ☎010 8316 6568 ; www.leohostel.com ; 22 Shanxi Xiang, 陕西巷胡同 22号 ; ❄📶 ; Ⓜ Qiánmén), aujourd'hui un hôtel pour voyageurs à petit budget, abritait à l'époque l'une des maisons de passe les plus chics de Pékin.

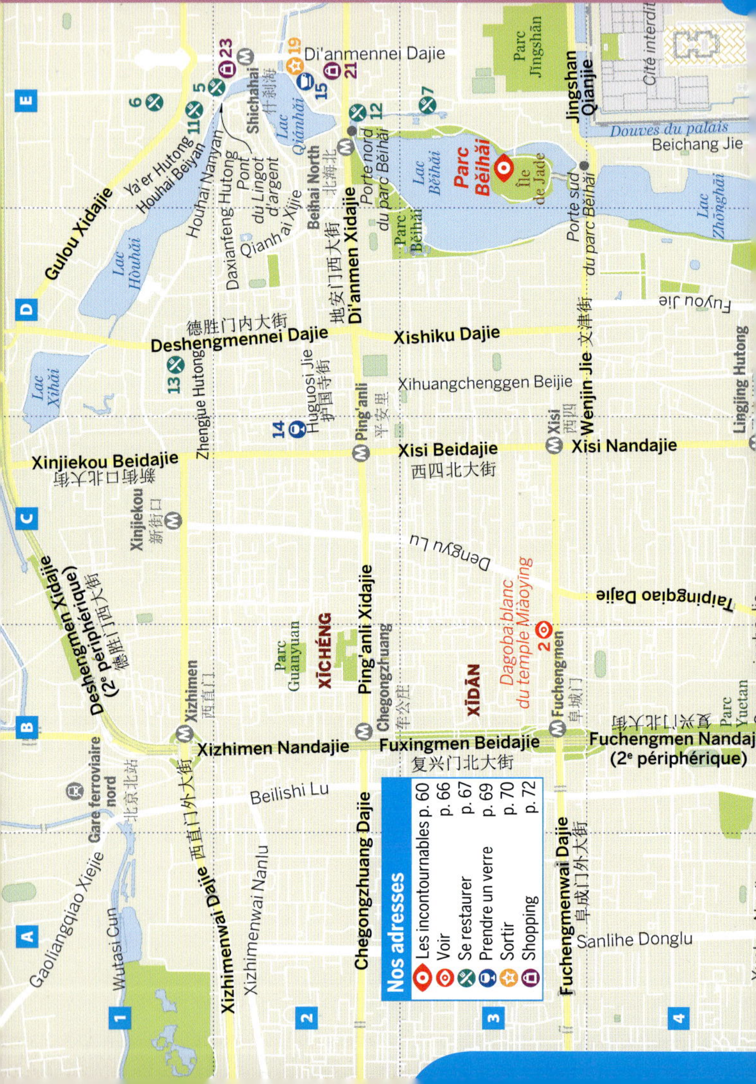
Nos adresses
Les incontournables p. 60
Voir p. 66
Se restaurer p. 67
Prendre un verre p. 69
Sortir p. 70
Shopping p. 72
Parc Běihǎi
Île de Jade
Lac Běihǎi
Porte nord du parc Běihǎi
Porte sud du parc Běihǎi
Parc Běihǎi
Lac Qiánhǎi
Lac Hòuhǎi
Lac Xīhǎi
Lac Zhōnghǎi
Parc Jǐngshān
Cité interdite
Douves du palais
Beichang Jie
Jingshan Qianjie
Di'anmennei Dajie
Di'anmen Xidajie
地安门西大街
Gulou Xidajie
Ya'er Hutong
Houhai Beiyan
Houhai Nanyan
Daxianfeng Hutong
Pont du Lingot d'argent
Qianhai Xijie
Shichahai
什刹海
Beihai North
北海北
Deshengmennei Dajie
德胜门内大街
Xishiku Dajie
Xihuangchenggen Beijie
Huguosi Jie
护国寺街
Zhengjue Hutong
Ping'anli
平安里
Xisi
西四
Wenjin Jie 文津街
Fuyou Jie
Lingjing Hutong
Xinjiekou Beidajie
新街口北大街
Xinjiekou
新街口
Xisi Beidajie
西四北大街
Xisi Nandajie
Dengyu Lu
Taipingqiao Dajie
Deshengmen Xidajie (2e périphérique)
德胜门西大街
Parc Guanyuan
XĪCHÉNG
Ping'anli Xidajie
Chegongzhuang
车公庄
XĪDĀN
Dagoba blanc du temple Miàoyīng
Fuchengmen
阜成门
Xizhimen
西直门
Xizhimen Nandajie
Fuxingmen Beidajie
复兴门北大街
Fuchengmen Nandajie (2e périphérique)
复兴门北大街
Parc Yuetan
Gare ferroviaire nord
北京北站
Beilishi Lu
Xizhimenwai Dajie 西直门外大街
Xizhimenwai Nanlu
Chegongzhuang Dajie
Fuchengmenwai Dajie
阜成门外大街
Sanlihe Donglu
Gaoliangqiao Xiejie
Wutasi Cun
Yuetan Nanjie

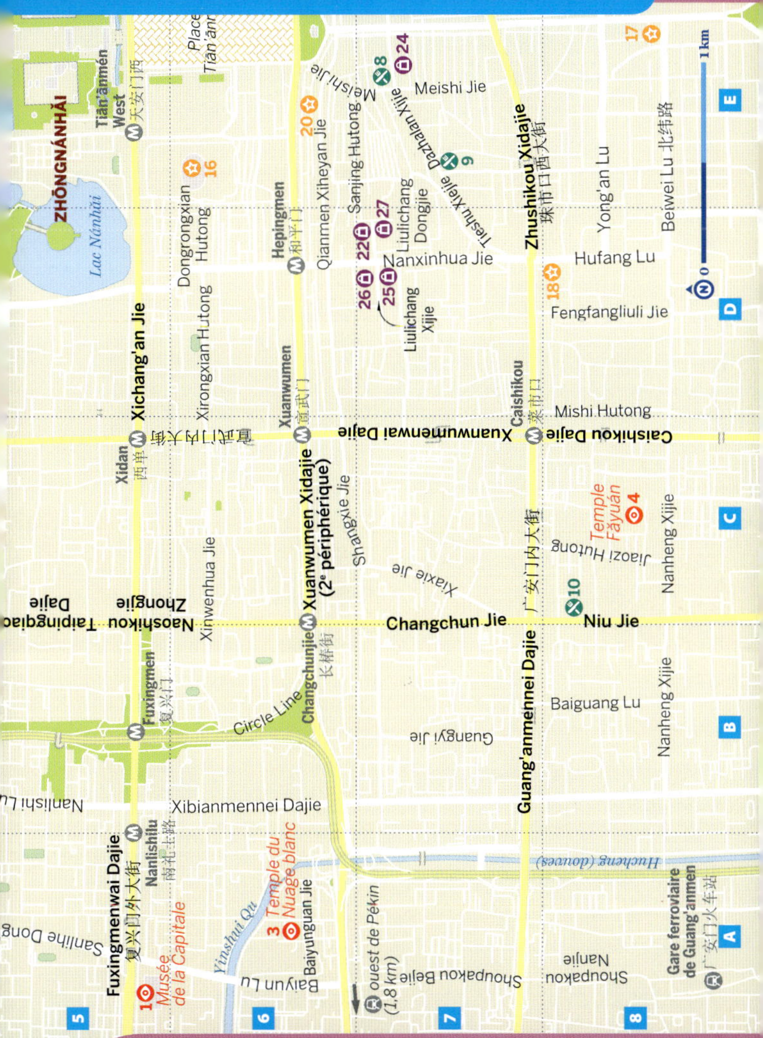
ZHŌNGNÁNHǍI
Lac Nánhǎi
Tiān'ānmén West
天安门西
Place Tiān'ānmén
Xichang'an Jie
Xidan
西单
Dongrongxian Hutong
Xirongxian Hutong
Xinwenhua Jie
Hepingmen
和平门
Xuanwumen
宣武门
Qianmen Xiheyan Jie
Sanjing Hutong
Meishi Jie
Dazhalan Xijie
Tieshu Xiejie
Liulichang Dongjie
Liulichang Xijie
Nanxinhua Jie
Zhushikou Xidajie
珠市口西大街
Yong'an Lu
Hufang Lu
Beiwei Lu 北纬路
Fengfangliuli Jie
Caishikou
菜市口
Mishi Hutong
Xuanwumenwai Dajie
Caishikou Dajie
Xuanwumen Xidajie
(2e périphérique)
Shangxie Jie
Xiaxie Jie
Temple Fǎyuán
Jiaozi Hutong
Nanheng Xijie
Guang'anmennei Dajie
广安门内大街
Changchun Jie
Niu Jie
Changchunjie
长椿街
Naoshikou Zhongjie
Taipingqiao Dajie
Fuxingmen
复兴门
Circle Line
Baiguang Lu
Guangyi Jie
Nanlishi Lu
Xibianmennei Dajie
Fuxingmenwai Dajie
复兴门外大街
Nanlishilu
南礼士路
Temple du Nuage blanc
Baiyunguan Jie
Yinshui Qu
Musée de la Capitale
Sanlihe Dong
Baiyun Lu
ouest de Pékin (1,8 km)
Shoupakou Beijie
Shoupakou Nanjie
Huchengh (douves)
Gare ferroviaire de Guang'anmen
广安门火车站
1 km
A
B
C
D
E
5
6
7
8

Voir

Musée de la Capitale

MUSÉE

1 Plan p. 64, A5

Le majestueux musée de la Capitale renferme plusieurs excellentes galeries, notamment une envoûtante collection de bouddhas anciens et de somptueuses porcelaines chinoises. Il retrace l'histoire de Pékin selon une intéressante présentation chronologique, et comprend une section regroupant des objets anciens liés à l'opéra de Pékin, une salle dédiée aux coutumes populaires pékinoises, ainsi que des objets antiques en bronze et en jade, des calligraphies et des tableaux. (首都博物馆, Shǒudū Bówùguǎn ; 010 6339 3339 ; www.capitalmuseum.org.cn ; 16 Fuxingmenwai Dajie ; gratuit ; 9h-17h mar-dim ; M Muxidi)

Dagoba blanc du temple Miàoyīng

TEMPLE BOUDDHIQUE

2 Plan p. 64, B3

Construit en 1271, le temple Miàoyīng est coiffé d'une immense pagode blanche caractéristique datant de la dynastie Yuán, qui domine les *hútòng* environnants. À l'époque de sa construction, c'était le plus haut édifice de Dàdū (nom de Pékin sous la dynastie Yuan). Aujourd'hui encore, c'est la plus haute pagode de style tibétain de Chine. (妙应寺白塔, Miàoyīng Sì Báitǎ ; 010 6616 0211 ; 171 Fuchengmennei Dajie ; adulte 20 ¥ ; 9h-17h mar-dim ; M Fuchengmen, puis bus 13, 101, 102 ou 103 jusqu'à Baita Si)

Bon plan

Hútòng historiques

- Dashilar (p. 62)
- Dazhalan Xijie (p. 62)
- Shanxi Xiang (p. 63)

Temple du Nuage blanc

TEMPLE TAOÏSTE

3 Plan p. 64, A6

Ancien haut lieu du taoïsme de Chine du Nord, le temple du Nuage blanc fut fondé en 739, même si la plupart des salles datent de la dynastie Qing. Ce vaste ensemble de sanctuaires et de cours est peuplé de moines taoïstes aux cheveux coiffés en chignon. (白云观 ; Báiyún Guàn ; 010 6346 3887 ; 9 Baiyunguan Jie ; adulte 10 ¥ ; 8h30-16h30 ; M Muxidi)

Temple Fǎyuán

TEMPLE BOUDDHIQUE

4 Plan p. 64, C8

Baignant dans une ambiance empreinte de piété, ce ravissant temple fut érigé au VIIe siècle. Agencé selon les principes bouddhiques traditionnels, il est doté d'une tour du tambour et d'une tour de la cloche. Dans le pavillon Pilu (le quatrième), admirez le **bouddha en cuivre** en surplombant quatre autres installés sur un immense lotus orné d'une myriade d'effigies. (法源寺, Fǎyuán Sì ; 7 Fayuansi Qianjie ; adulte 5 ¥ ; 8h30-16h ; M Caishikou)

Se restaurer

Kǎo Ròu Jì
CHINOIS, MUSULMAN ¥¥

5 Plan p. 64, E2

On sert ici un canard laqué d'un bon rapport qualité/prix (118 ¥), ainsi qu'un choix de plats de toute la Chine, mais c'est le mouton qui fait le succès de l'établissement – et la vue sur le lac depuis le 2e étage. (烤肉季 ; Qianhai Dongyan ; 前海东沿银锭桥 ; plats 40-80 ¥ ; 1er ét. 11h-22h, 2e ét. 11h-14h et 17h-20h30 ;)

Le Petit Saigon
FRANÇAIS, VIETNAMIEN ¥¥

6 Plan p. 64, E1

La carte de cet élégant bistrot, doté d'un agréable toit-terrasse l'été, mêle classiques vietnamiens (*pho* – soupe vietnamienne –, poulet au citron, crevettes au tamarin) et spécialités françaises (bœuf bourguignon, foie gras). Mention spéciale pour les desserts. Le décor et la belle sélection de vins sont résolument français, ce qui attire les expatriés de l'Hexagone et les visiteurs en quête d'un café (européen ou vietnamien) amoureusement préparé. (西贡在巴黎, Xīgòng Zài Bālí ; 010 6401 8465 ; 141 Jiugulou Dajie, 旧鼓楼大街141号 ; plats 40-80 ¥ ; 10h30-23h ; ; M Shíchàhǎi)

Royal Icehouse
SHANDONG ¥¥

7 Plan p. 64, E3

Niché dans le *hútòng* qui borde le mur est du parc Běihǎi, ce curieux

CLAUDIO ZACCHERINI/SHUTTERSTOCK ©

Temple Fǎyuán

restaurant est installé dans l'une des anciennes glacières royales – on y stockait de gros blocs de glace destinés à la cour impériale, avant l'apparition de la réfrigération. (皇家冰窖小院 ; Huángjiā Bīngjiào Xiǎoyuàn ; 010 6401 1358 ; 5 Gongjian Wuxiang, Gongjian Hútòng ; 恭俭胡同5巷5号 ; plats 30-60 ¥ ; 11h30-14h et 17h30-21h30 ;)

Gǒubùlǐ
RAVIOLIS ¥¥

8 Plan p. 64, E7

L'un des rares restaurants bons et abordables du quartier, cette antenne du célèbre restaurant Tiānjīn fera le bonheur des amateurs de raviolis. Servis par huit, ils sont certes un peu plus chers que dans les « bouis-bouis » habituels, mais on peut en déguster huit sortes différentes (viande, crevettes, crabe et légumes, entre autres). (狗不理 ; ☎6353 3338 ; 31 Dazhalan Jie, 大栅栏街31号 ; raviolis à partir de 56 ¥ ; ⏲8h-22h ; M Qiánmén)

Liú Family Noodles NOUILLES ¥

9 Plan p. 64, E7

Perle rare dans le quartier, ce restaurant ne cherche pas à escroquer les touristes étrangers. Au contraire, les prix ne sauraient être plus bas, et la sympathique propriétaire est toujours disposée à pratiquer son anglais (limité). Faites votre choix parmi les différentes variantes de nouilles savoureuses et les plats froids. Le restaurant arbore une pancarte noire indiquant "Best Noodles in China" (en anglais). (刘家人刀削面 ; Liú Jiārén Dāoxiāomiàn ; 6 Tieshuxie Jie ; 铁树斜街6号 ; nouilles à partir de 8 ¥ ; ⏲11h-15h et 17h-22h ; 🗐 ; M Qiánmén)

Bon plan

Hòuhǎi secret

Le soir venu, les lacs Hòuhǎi sont envahis par les noctambules et les rabatteurs qui tentent de vous attirer dans leurs coûteux établissements. Des bars et des cafés bien plus agréables vous attendent dans les *hútòng* des alentours. Essayez par exemple les ruelles qui s'étirent à l'ouest du **pont du Lingot d'argent** (plan p. 64, E2 ; 银锭桥 ; Yíndìng Qiáo), à l'extrémité de Yandai Xiejie, ou la rive ouest du lac Qiànhǎi.

Turpan Restaurant XINJIANG ¥¥

10 Plan p. 64, C8

Ce vaste établissement est pris d'assaut par les Huí (ethnie chinoise musulmane) du quartier qui viennent y déguster de généreux kebabs d'agneau juteux et succulents (rien à voir avec les minuscules brochettes vendues dans la rue), toute une gamme d'authentiques plats ouïghours issus du lointain Xīnjiāng, comme les sandwichs au bœuf salé accompagnés d'ignames doux (46 ¥), et plusieurs options halal. (吐鲁番餐厅, Tǔlǔfān Cāntīng ; ☎010 8316 4691 ; 6 Niu Jie, 牛街6号 ; kebabs à partir de 12 ¥, plats à partir de 35 ¥ ; ⏲6h-9h, 10h30-14h30 et 16h30-20h30 ; M Caishikou)

Lǐjì Fēngwèi Měishí Cāntīng CHINOIS, MUSULMAN ¥

11 Plan p. 64, E1

Appelée plus simplement Lǐjì ("li dji"), cette adresse populaire dispose de deux enseignes proches l'une de l'autre dans Ya'er Hútòng, servant toutes deux des plats et en-cas sino-musulmans d'un excellent rapport qualité/prix. (李记风味美食餐厅 ; Ya'er Hútòng ; 鸦儿胡同 (烟袋斜街西口) ; plats 20-40 ¥, snacks 1-10 ¥ ; ⏲petit-déj raviolis 5h-9h, restaurant 10h-23h)

Guǎnshì Chìbā BROCHETTES ¥

12 Plan p. 64, E2

Amusant et animé, ce débit à l'éclairage cru tombe à pic pour la pause déjeuner ou pour un dîner sans prétentions après la visite du parc Běihǎi ou des lacs. La recette des ailes de poulet (鸡翅 ; *jī chì*), spécialité de la maison, est tenue secrète (秘制 ; *mì zhì*). Les brochettes d'agneau (羊肉串 ; *yángròuchuàn*) sont tout aussi délicieuses que les soupes où tremper du pain grillé (馒头片 ; *mántou piàn*). La soupe aux boulettes de pâte (疙瘩汤 ; *gēda tāng*), notre préférée, peut aisément rassasier quatre personnes. Pas de menu en anglais : il vous faudra remplir un menu à cocher, en chinois. D'autres brochettes sont tout aussi alléchantes, aux piments verts (烤尖椒 ; *kǎo jiānjiāo*), à l'aubergine (烤茄子 ; *kǎo qiézi*) et à l'ail (烤大蒜 ; *kǎo dàsuàn*). Les plats sont plus ou moins épicés, n'oubliez pas de cocher la rubrique de votre choix : peu épicé (不辣 ; *bù là*) ou moyennement épicé (微辣 ; *wēi là*). (管氏翅吧 ; 20 Di'anmen Xidajie ; 地安门西大街20号 ; brochettes 2-8 ¥, soupes 10-12 ¥ ; 11h-23h)

Marché de Rùndélì

MARCHÉ ALIMENTAIRE ¥

13 Plan p. 64, D1

Aussi appelé marché de Sìhuán (四环市场 ; Sìhuán Shìchǎng), ce marché en plein air est un vaste étalage de fruits frais et d'en-cas – parfaits pour un pique-nique en pédalo sur le lac Hòuhǎi –, de poissons, grenouilles, crabes, homards, et divers thés chinois. Les prix affichés pour les fruits (et assimilés) sont généralement au *jīn* (500 g). (润得立菜市场 ; Rùndélì Càishìchǎng ; 4 Sihuan Hútòng, près de Deshengmennei Dajie ; 德胜门内大街四环胡同 ; 7h-19h)

100% pékinois

Hòuhǎi

Juste en face de l'entrée nord du parc Běihǎi, les trois **lacs Hòuhǎi** (plan p. 64, D1 ; 后海 ; gratuit ; M Shíchàhǎi, Nanluogu Xiang ou Jishuitan) attirent beaucoup d'habitants qui viennent pêcher, faire voler des cerfs-volants et nager quand vient l'été (vérifiez la propreté de l'eau). Le soir, de multiples bars et restaurants accueillent les noctambules. Ces lacs sont très agréables pour faire du vélo et de nombreuses boutiques de location vous attendent le long des rives (10 ¥/h, caution 200 ¥). En hiver, ils se transforment en patinoire géante ; vous pourrez louer sur place tout le matériel nécessaire.

Prendre un verre

NBeer Pub

BAR

14 Plan p. 64, C2

Détenteur du plus grand réfrigérateur à bières de Pékin, ce nouveau venu dans la brasserie artisanale a des centaines de bières étrangères en stock, ainsi qu'une douzaine de bières locales (derrière un comptoir composé de guides Lonely Planet !). Demandez un "flight" (68 ¥), pour déguster six échantillons de bières brassées sur place, ou servez-vous directement dans le réfrigérateur. Ne manquez pas les énormes kebabs figurant sur le menu de petite restauration. (牛啤堂 ; Niú Pí Táng ; Huguo Xintiandi, 85 Huguosi Dajie ; 护国

寺大街85号护国新天地一层 ; bouteilles à partir de 25 ¥, pression 35-50 ¥ ; 15h-2h)

Tángrén Teahouse — MAISON DE THÉ

15 Plan p. 64, E2

Avec sa superbe vue sur le lac Qiànhǎi depuis son toit-terrasse, cette jolie maison de thé située dans un secteur paisible au bord du lac, loin des bars tapageurs, convient tout à fait à une dégustation de thé chinois. Les prix sont élevés, et il faut s'acquitter d'un supplément pour l'eau minérale utilisée pour l'infusion (à partir de 10 ¥/tasse), mais le cadre, le service et l'ambiance compensent ce désagrément. La décoration riche en boiseries est aussi attrayante que la carte des thés – un rouleau en bambou – traduite en anglais. Les noms des différents thés (figurant à gauche) sont regroupés par familles (Oolong, vert, noir, etc.). (唐人茶道听茶轩 ; Tángrén Chádàoyǐn Cháxuān ; 15 Qianhai Nanyan ; 前海南沿15号 ; thé à partir de 40 ¥/tasse ; 9h30-1h)

Sortir

Centre national des arts du spectacle — MUSIQUE CLASSIQUE

16 Plan p. 64, E6

Parfois appelé Grand Théâtre national, cet édifice spectaculaire surmonté d'une coupole conçue par le Français Paul Andreu est surnommé l'"Œuf de Pékin". Il attire autant de férus d'architecture que de mélomanes. C'est l'endroit rêvé pour écouter de la musique classique chinoise et internationale, ou assister à des ballets, à des opéras et à des spectacles de danse chinoise traditionnelle. (国家大剧院, Guójiā Dājùyuàn ; 010 6655 0000 ; www.chncpa.org/ens ; 2 Xichang'an Jie, 西长安街2号 ; billets 80-880 ¥ ; spectacles 19h30 ; M Tiān'ānmén West)

Théâtre de spectacles d'acrobatie Tiānqiáo — ACROBATIES

17 Plan p. 64, E8

À l'ouest du parc du temple du Ciel, ce théâtre centenaire propose de formidables spectacles d'une heure exécutés par la Troupe acrobatique de Pékin. Moins touristique que d'autres salles, ce théâtre à taille humaine garantit une bonne visibilité sur la scène. Les numéros des funambules vous laisseront bouche bée. L'entrée se trouve sur le côté est du bâtiment. (天桥杂技剧场, Tiānqiáo Zájì Jùchǎng ; 010 6303 7449 ; 95 Tianqiao Shichang Lu Jie 天桥市场街 95 号 ; 180-380 ¥ ; spcctacles 17h30 et 19h15 ; M Taranting)

Théâtre de la guilde de Húguǎng — OPÉRA DE PÉKIN

18 Plan p. 64, D8

L'adresse la plus ancienne a aussi le plus de cachet pour assister à une représentation d'opéra de Pékin. L'intérieur, dans les tons rouge, vert et or, avec tables, sol en pierre et balcons entourant une scène à baldaquin, est superbe. En face de la salle, le tout petit musée de l'opéra expose des partitions, de vieux programmes et d'autres objets.

AJANCSO/SHUTTERSTOCK ©

Opéra de Pékin au Théâtre de la guilde de Húguǎng

(湖广会馆, Húguǎng Huìguǎn ; 010 6351 8284 ; 3 Hufang Lu, 虎坊桥路3号 ; places 180-680 ¥, musée 10 ¥ ; spectacles 20h, musée 9h-17h ; M Caishikou)

East Shore Jazz Café JAZZ

19 Plan p. 64, E2

Le saxophoniste Cui Jian, qui se produit ici avec son quartet, a ouvert cette salle décontractée située à deux pas de Di'anmen Waidajie et du lac Qiánhǎi. Les meilleurs jazzmen locaux y donnent des concerts (du mer au dim à partir de 22h) dans une atmosphère débonnaire. (东岸, Dōng'àn ; 010 8403 2131 ; 2 Shíchàhǎi Nanyan, 地安门外大街什刹海南沿2号楼2层, 地安门邮局西侧, 2e ét. ; bières à partir de 30 ¥, cocktails à partir de 45 ¥ ; 15h-2h ; M Shíchàhǎi)

Lao She Teahouse ARTS DU SPECTACLE

20 Plan p. 64, E6

Cette maison de thé, hommage à l'écrivain, propose des spectacles en journée et en soirée. En chinois pour l'essentiel, ils marient plusieurs arts du spectacle traditionnel. Les représentations nocturnes mêlent opéra pékinois, art et musique folklorique, acrobatie et magie (19h50-21h20). On peut aussi assister à des cérémonies du thé, à des concerts de musique traditionnelle et à des spectacles d'ombres chinoises. (老舍茶馆 ; Lǎoshě Cháguǎn ; 010 6303 6830 ; www.laosheteahouse.com ; 3e ét., 3 Qiánmén Xidajie ; 前门西大街3号3层 ; billet soirée 180-380 ¥ ; spectacles 19h50 ; M Qiánmén)

Shopping

Three Stone Kite Shop

CERFS-VOLANTS

21 Plan p. 64, E2

Sous les Qing, l'arrière-grand-père du propriétaire de cette agréable boutique fabriquait des cerfs-volants pour la famille impériale. La plupart des spécimens vendus ici sont fabriqués et peints à la main. L'offre s'est diversifiée à d'autres souvenirs, si bien que le choix est moindre.

(三石斋风筝, Sānshízhāi Fēngzhēng ; ☎010 8404 4505 ; 25 Di'anmen Xidajie, 地安门西大街甲25号 ; ⏲9h-21h ; Ⓜ Nanluogu Xiang)

> 100% pékinois
>
> **Shopping souterrain**
>
> 77th Street (plan p. 64, D1 ; 77街, Qīshíqī Jiē ; ☎010 6608 7177 ; B2-3F, 180 Xīdān Beidajie, 西单北大街180号地下2-3层 ; ⏲10h-22h ; Ⓜ Xīdān) était autrefois le plus grand abri antiaérien au monde, ce qui en fait le centre commercial le plus original de Pékin. Il est désormais fréquenté par les jeunes du quartier. En 1969, alors que la Chine, en conflit avec les États-Unis et l'Union soviétique, était menacée par une guerre nucléaire, Mao Zedong fit construire un immense réseau de galeries souterraines sous la capitale. Quelques-unes, fermées au public, sont encore utilisées, mais la plupart sont devenues dangereuses du fait de la construction à outrance à la surface. 77th Street, en bas des escaliers, vous donnera toutefois un aperçu du Pékin souterrain.

Yuèhǎixuān Musical Instrument Store

INSTRUMENTS DE MUSIQUE

22 Plan p. 64, D7

Ce magasin sympathique vend des instruments de musique traditionnels, comme le *gǔzhēng* (古箏 ; sorte de cithare, dont certaines sont sculptées de façon élaborée), l'*èrhú* (二胡), le *bǎnhú* (板胡 ; violon à deux cordes) et le *tánggǔ* (堂鼓 ; tambour), ainsi que de très beaux gongs et des instruments du Tibet et de Mongolie. Dans la section est de Liliuchang Dongjie. (乐海轩门市部, Yuèhǎixuān Ménshìbù ; ☎010 6303 1472 ; 97 Liliuchang Dongjie, 琉璃厂东街97号 ; ⏲9h30-18h ; Ⓜ Hepingmen)

Ruìfúxiáng

SOIE, VÊTEMENTS

23 Plan p. 64, E2

Cette récente enseigne de la marque (150 ans d'âge !) spécialiste de la soie vend toutes sortes d'articles – écharpes et châles (à partir de 150 ¥), pantoufles et chapeaux (à partir de 50 ¥). Les vêtements chinois (robes *qípáo* à partir de 500 ¥) sont de toute beauté et les tenues pour enfants très mignonnes (à partir de 100 ¥). La qualité est au rendez-vous et les prix (indiqués) très raisonnables étant donné la réputation de la marque. (瑞蚨祥, Ruìfúxiáng ; 50 Di'anmen Waidajie, 地安门外大街50号 ; ⏲10h-20h30 ; Ⓜ Shíchàhǎi)

Nèiliánshēng Shoe Shop

CHAUSSURES

24 Plan p. 64, E7

On dit que cette boutique de chaussures en tissu inaugurée en 1853 est la plus ancienne de Chine et que des sommités de la trempe de Mao Zedong s'y faisaient chausser. Vous pourrez vous aussi y choisir des souliers finement brodés, des pantoufles en tissu sobres (à partir de 215 ¥) ou pour enfants imprimées (à partir de 58 ¥). (内联升鞋店, Nèiliánshēng Xiédiàn ; 010 6301 4863 ; 34 Dazhalan Jie, 大栅栏街34号 ; 9h-20h ; M Qiánmén)

Librairie Cathay

LIVRES, ARTS

25 Plan p. 64, D7

La plus grande des deux enseignes (section sud de Liulichang Xijie) mérite le détour pour sa vaste gamme de livres sur la peinture, la céramique et le mobilier chinois, ainsi que ceux consacrés à la religion (la plupart en chinois). À l'étage, d'autres livres d'art, des inscriptions sur pierre et des livres anciens. (中国书店, Zhōngguó Shūdiàn ; 010 6303 2104 ; 34 Liulichang Xijie, 琉璃厂西街34号 ; 9h-18h ; M Hepingmen)

Róngbǎozhāi

ŒUVRES D'ART

26 Plan p. 64, D7

Peintures sur rouleaux, estampes sur bois, papier, encre et pinceaux sont vendus dans ce magasin s'étalant sur deux étages et toute une rue. Du fait qu'il s'agisse d'un magasin d'État, la présentation est aussi insipide que le personnel (qui ne parle que très peu anglais). Les prix sont fixes, mais on peut souvent obtenir une réduction de 10%. (荣宝斋 ; 010 6303 6090 ; 19 Liulichang Xijie ; 琉璃厂西街19号 ; 9h-17h30 ; M Hepingmen)

> 100% pékinois
>
> ### Marché de thé de Mǎliándào
>
> **Mǎliándào** (马连道茶城 ; Mǎliándào Cháchéng ; 010 6334 3963 ; 11 Maliandao Lu, 马连道路11号 ; 8h30-18h ; M Gare ferroviaire de Pékin Ouest) est le plus grand marché de thé du nord de la Chine. Les vendeurs vous laissent généralement volontiers goûter leurs breuvages. Par ailleurs, Maliandao Lu est jalonnée de centaines de boutiques qui vendent du thé et des services à thé à des prix bien moins élevés que dans les quartiers touristiques. Le marché se situe à 1,5 km au sud de la gare ferroviaire de Pékin Ouest.

Xían Yàn Tāng

OMBRES CHINOISES

27 Plan p. 64, D7

Cette boutique pas plus grande qu'un mouchoir de poche est nichée dans une minuscule ruelle semée de figurines traditionnelles du théâtre d'ombres, dont elle a la spécialité. La taille et la forme varient énormément. Il est possible de les faire encadrer (elles font de jolis cadeaux), à moins que vous n'envisagiez de monter votre propre théâtre d'ombres à votre retour. (贤燕堂 ; 136 931 33759 ; 102 Liliuchang Dongjie, 琉璃厂东街102号 ; 9h-18h ; M Hepingmen)

Explorer

Nord de Cháoyáng

Au nord de Cháoyáng (朝阳北), la vie nocturne pékinoise bat son plein autour du quartier de Sānlǐtún (三里屯), qui compte quantité de bars, de discothèques et de restaurants, des établissements gastronomiques aux petites échoppes. Ce secteur ne se résume pas aux plaisirs épicuriens, puisqu'il abrite le 798 Art District, illustration de la vitalité de la scène artistique contemporaine chinoise.

L'essentiel en un jour

Le nord de Cháoyáng compte peu de sites touristiques, hormis le **temple Dōngyuè** (p. 81) et ses démons. Après la visite du temple le plus inquiétant de la ville, on peut rapidement rejoindre le **marché aux vêtements de Sānlǐtún Yashow** (p. 87), où chaque voyageur exercera ses talents pour le marchandage.

Les restaurants sont légion dans ce secteur de la ville, mais nous recommandons particulièrement **Bocata** (p. 83), pour ses plats méditerranéens et moyen-orientaux, ainsi que **Hóng Lú** (p. 83) pour sa cuisine pékinoise traditionnelle. Sautez ensuite dans un bus ou un taxi et filez vers le nord jusqu'au **798 Art District** (p. 76), pour passer l'après-midi à arpenter les galeries d'art.

Habillez-vous festif ! Si votre portefeuille le permet, **Duck de Chine** (p. 82) propose des plats à base de canard combinant gastronomies française et chinoise. Autre possibilité : découvrez les saveurs du sud-ouest de la Chine au **In & Out** (p. 82). Place aux cocktails : l'**Apothecary** (p. 84) compte les meilleurs barmen de la capitale et le **Migas Bar** (p. 84) s'enorgueillit d'un formidable toit-terrasse. Encore ? Direction les dance floors des clubs.

Pour une soirée dans les bars et clubs les plus branchés de Pékin, voir p. 78.

Les incontournables

798 Art District (p. 76)

100% pékinois

Prendre un cocktail à Sānlǐtún (p. 78)

Le meilleur du quartier

Se restaurer

Duck de Chine (p. 82)

In & Out (p. 82)

Hóng Lú (p. 83)

Jīngzūn Peking Duck (p. 83)

Bǎoyuán Dumpling Restaurant (p. 83)

Carmen (p. 83)

Prendre un verre

Apothecary (p. 84)

Migas Bar (p. 84)

Janes and Hooch (p. 78)

Revolution (p. 84)

d. Lounge (p. 85)

Comment y aller

M Métro Pour Sānlǐtún, ligne 2 jusqu'à Dongsi Shitiao, ou 10 jusqu'à Tuanjiehu. Pour le temple Dōngyuè, descendez à Cháoyángmen sur la ligne 2.

Bus Le bus 909 (2 ¥) part de la sortie C de la station de métro Dongzhimen et dessert le 798 Art District.

Les incontournables
798 Art District

Le 798 Art District, aussi appelé Dàshānzi (大山子), a vu naître et s'épanouir l'art contemporain chinois. Disséminées dans une immense usine d'électronique désaffectée, ses multiples galeries d'art demeurent au cœur de la vie artistique pékinoise. On peut aisément passer une journée à visiter les galeries, et le quartier est émaillé de cafés et de restaurants. En un sens, la transformation de l'usine en foyer artistique reflète la marche du pays du maoïsme vers le capitalisme.

798 艺术新区, Qī Jiǔ Bā Yìshù Qū

Plan p. 80, E1

angle de Jiuxianqiao Lu et Jiuxianqiao Beilu ; 酒仙桥路

galeries d'art 10h-18h, certaines fermées lundi

403, 909

798 Space Gallery

À ne pas manquer

BTAP

Figurant parmi les toutes premières galeries de Dàshānzi, **BTAP** (Ceramics Third St ; ⌚10h-18h mar-dim), ou Beijing Tokyo Art Projects, ne présente pas uniquement des artistes chinois mais aussi, comme son nom l'indique, des artistes japonais (parfois même coréens). Comme d'autres galeries, BTAP met l'accent sur les installations et les expositions multimédia, qui trouvent parfaitement leur place dans ces immenses locaux.

UCCA

À la fois centre culturel et galerie, **UCCA** (Ullens Center for Contemporary Art ; 798 Rd ; ⌚10h-19h mar-dim) dispose de quatre espaces d'exposition répartis sur les 8 000 m² d'un cadre dépouillé. Le lieu présente certains des plus grands artistes chinois et propose des projections de films, des ateliers, des programmes éducatifs, des petits festivals. Sa boutique originale vend des articles de créateurs.

Galleria Continua

Située au pied d'une haute cheminée en brique rouge, **Galleria Continua** (sud de 797 Rd ; ⌚11h-18h mar-dim) est une autre galerie existant de longue date, qui expose régulièrement d'illustres artistes chinois et étrangers. Plus petite que certains sites du 798, la Galleria Continua n'en demeure pas moins de celles qui captent le plus l'attention.

Pace Gallery

Antenne pékinoise d'une célèbre galerie new-yorkaise, **Pace** (797 Rd ; ⌚10h-18h mar-dim) présente certains des artistes chinois les plus réputés, dont Yue Minjun et le Pékinois Li Songsong.

À savoir

- Plusieurs galeries sont fermées le lundi.
- Certains murs portent encore des slogans communistes peints dans les années 1950, après la construction de cette usine "exemplaire".
- Les amateurs d'art ne manqueront pas de visiter Cǎochǎngdì (草场地), un autre ensemble de galeries d'art à 3 km au nord de Dashanzi.

Une petite faim ?

L'**Art Café** (798 Rd ; ⌚10h-minuit ; 🄴), aux cloisons savamment percées, fut le premier bar branché du 798. Il demeure un endroit prisé pour siroter un café ou déguster des classiques occidentaux. Le formidable **Timezone 8** (798 Rd ; ⌚7h-2h) sert toutes sortes de plats, des burgers aux sushis. Il jouxte une librairie spécialisée dans les ouvrages d'art, d'architecture et de design.

100% pékinois

Prendre un cocktail à Sānlǐtún

Il y a quelques années encore, le secteur de Sānlǐtún (三里屯) s'adressait avant tout aux expatriés et aux touristes. Le quartier a aujourd'hui le vent en poupe auprès de la jeunesse pékinoise, qui raffole de ses bars et de ses clubs fleurissant de toutes parts.

❶ Clientèle branchée

L'élégant comptoir de **Janes and Hooch**, qui tient actuellement le haut du pavé à Pékin, grâce à ses cocktails préparés d'une main de maître et à son service efficace, est véritablement pris d'assaut : arrivez tôt, car l'endroit est vite bondé, surtout le week-end. Les tables se trouvent à l'étage. (☎010 6503 2757 ; Lot 10, Cour 4, Gongti Beilu, 工体北路4号机电院 ; cocktails à partir de 65 ¥ ; 🕑19h-2h ; Ⓜ Tuanjiehu)

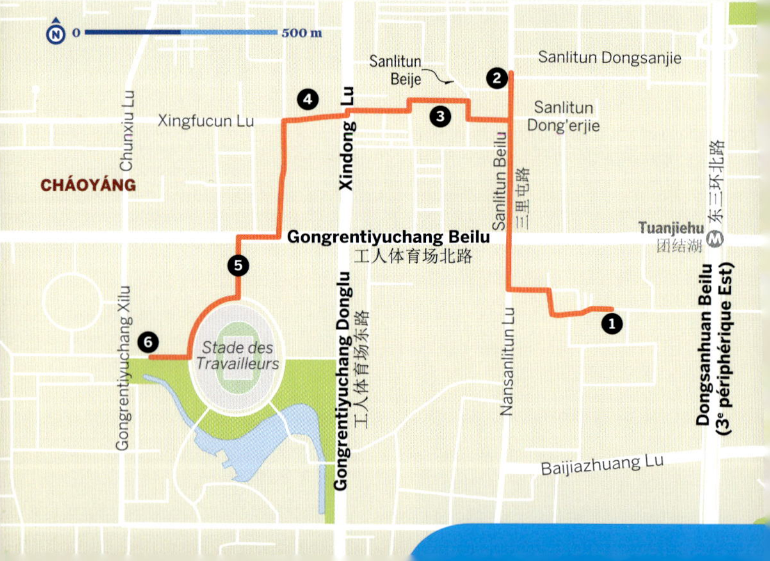

❷ Mesh

Le **Mesh** (bâtiment 1, Village, 11 Sānlǐtún Lu 三里屯路 11 号院 1 号楼 ; cocktail à partir de 70 ¥ ; ⏲17h-2h ; Ⓜ Tuanjiehu) se veut résolument tendance, avec son comptoir blanc, ses miroirs, ses appliques élégantes et ses rideaux délimitant les espaces, sans pour autant se départir de sa bonne ambiance. Le martini aux lychees est réputé. Soirée gay le jeudi.

❸ Au détour d'une ruelle

Enfoncez-vous dans les venelles autour de Sānlǐtún Village, où des auberges se cachent dans de petites rues ou des cours carrées. Pour bien démarrer la soirée, commencez par **Tree** (树酒吧 ; Shù Jiǔbā ; ☎010 6415 1954 ; 43 Sānlǐtún Beijie 三里屯北街 43 号 ; bière à partir de 20 ¥ ; ⏲10h-2h ; Ⓜ Tuanjiehu), qui sert de bonnes pizzas, ou par l'ambiance sans prétention du **First Floor** (壹楼 ; Yī Lóu ; ☎010 6413 0587 ; rez-de-chaussée, Tongli Studios, Sānlǐtún Houjie 三里屯后街同里 1 层 ; bière/cocktail à partir de 20/40 ¥ ; ⏲10h-2h ; Ⓜ Tuanjiehu).

❹ Parlor

Établissement chic aux allures de bar clandestin, **Parlor** (香, Xiāng ; ☎010 8444 4135 ; 39-9 Xingfu'ercun, Xindong Lu, 新东路幸福二村39-9号 ; cocktails à partir de 60 ¥ ; ⏲18h-tard ; Ⓜ Dongsi Shitiao) est un véritable hommage aux Années folles (1920-1929), dans le goût chinois. Accoudé à l'imposant comptoir en bois, observez les barmen en nœud papillon vous concocter un cocktail Old fashioned, ou rendez-vous à l'étage, où les Pékinois aisés aiment jouer dans des salles privées. Curieusement, malgré le décor somptueux et l'atmosphère confidentielle, les prix des boissons restent raisonnables.

❺ Vics 'n' Mix

Au niveau de la porte nord du stade des Travailleurs, les bars cèdent la place à quelques-uns des plus anciens clubs de Pékin. Le **Vics** (威克斯, Wēikèsī ; ☎010 5293 0333 ; stade des Travailleurs, porte nord, Gongrentiyuchang Beilu, 工人体育场北路, 工人体育场北门 ; entrée 50 ¥ dim-jeu, 100 ¥ ven-sam ; ⏲20h30-5h ; Ⓜ Dongsi Shitiao) et le **Mix** (密克斯, Mìkèsī ; ☎010 6530 2889 ; stade des Travailleurs, porte nord, Gongrentiyuchang Beilu, 工人体育场北路, 工人体育场北门 ; entrée 30 ¥ dim-jeu, 50 ¥ ven-sam ; ⏲20h-6h ; Ⓜ Dongsi Shitiao) n'ont rien d'ultratendance, mais ils ne désemplissent pas, grâce à une joyeuse programmation hip-hop et R&B.

❻ Lantern

Le plus underground des clubs de Pékin, **Lantern** (灯笼俱乐部, Dēnglóng Jùlèbù ; Gongrentiyuchang Xilu, 工人体育场西门向北100米 ; droit d'entrée 30-100 ¥ ; ⏲21h-tard ; Ⓜ Dongsi Shitiao) attire les meilleurs DJ locaux et, à l'occasion, étrangers, qui passent un mélange de techno et de house plus varié qu'ailleurs. Les prix dépendent du DJ et l'endroit est bondé dès qu'une célébrité s'installe aux platines.

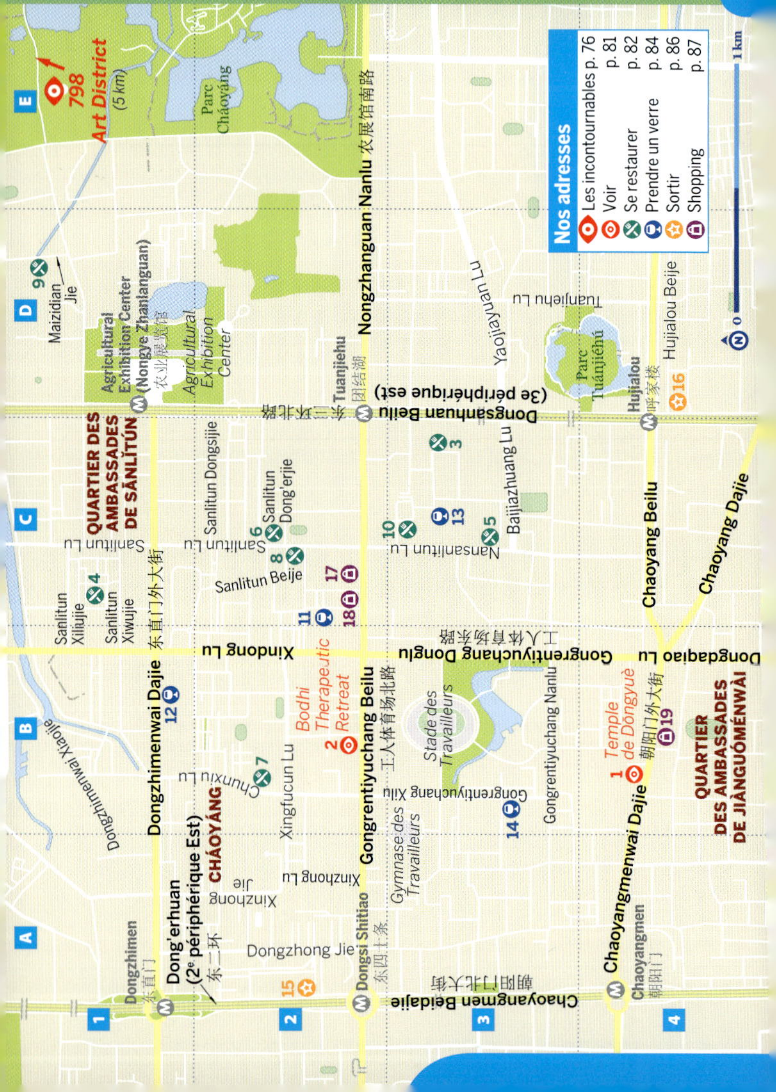
Nos adresses
Les incontournables p. 76
Voir p. 81
Se restaurer p. 82
Prendre un verre p. 84
Sortir p. 86
Shopping p. 87
0
1 km
798 Art District (5 km)
Parc Cháoyáng
Maizidian Jie
Agricultural Exhibition Center (Nongye Zhanlanguan)
农业展览馆
Agricultural Exhibition Center
Nongzhanguan Nanlu 农展馆南路
Tuanjiehu
团结湖
Dongsanhuan Beilu (3e périphérique est)
东三环北路
Yaojiayuan Lu
Tuanjiehu Lu
Parc Tuánjiéhú
Hujialou
呼家楼
Hujialou Beijie
QUARTIER DES AMBASSADES DE SĀNLǏTÚN
Sanlitun Lu
Sanlitun Dongsijie
Sanlitun Dong'erjie
Sanlitun Beije
Sanlitun Xiliujie
Sanlitun Xiwujie
Nansanlitun Lu
Baijiazhuang Lu
Chaoyang Beilu
Chaoyang Dajie
Xindong Lu
Gongrentiyuchang Donglu
工人体育场东路
Dongdaqiao Lu
Dongzhimenwai Dajie 东直门外大街
Dongzhimenwai Xiaojie
Bodhi Therapeutic Retreat
Gongrentiyuchang Beilu
工人体育场北路
Stade des Travailleurs
Gongrentiyuchang Nanlu
Gongrentiyuchang Xilu
Temple de Dōngyuè
朝阳门外大街
QUARTIER DES AMBASSADES DE JIÀNGUÓMÉNWÀI
Chunxiu Lu
CHÁOYÁNG
Xingfucun Lu
Gymnase des Travailleurs
Chaoyangmenwai Dajie
Dong'erhuan (2e périphérique Est)
东二环
Xinzhong Jie
Xinzhong Lu
Dongzhong Jie
Dongsi Shitiao
东四十条
Dongzhimen
东直门
Chaoyangmen Beidajie
朝阳门北大街
Chaoyangmen
朝阳门
A
B
C
D
E
1
2
3
4

FOTOKON/SHUTTERSTOCK ©

Temple Dōngyuè

Voir

Temple Dōngyuè

TEMPLE TAOÏSTE

1 Plan p. 80, B4

Dédié au Mont de l'Est (Tài Shān), l'une des cinq montagnes sacrées de Chine, ce temple taoïste toujours en activité remonte à la dynastie Yuan. Unique à Pékin, à la fois morbide et fascinant, il est placé sous la responsabilité de moines taoïstes coiffés de chignons. Le lieu semble à des années-lumière des tours de verre et d'acier qui se dressent alentour. (东岳庙, Dōngyuè Miào ; 141 Cháoyángmenwai Dajie ; adulte 10 ¥, avec guide 40 ¥ ; 7h30-17h30 avr-oct, 8h30-16h30 nov-mars, fermé lun tte l'année ; M Cháoyángmen ou Dongdaqiao)

Bodhi Therapeutic Retreat

MASSAGE

2 Plan p. 80, B2

En pénétrant dans ce havre de paix, à deux pas des grands axes encombrés de la capitale, vous serez apaisé avant même d'avoir pris place dans l'une des confortables salles de massage privées. Outre l'aromathérapie et les massages ayurvédique, thaïlandais et chinois, Bodhi propose de très agréables massages de réflexologie plantaire et une vaste gamme de soins du visage. (菩提会所 ; Pútí Huìsuǒ ; 010 6417 9595 ; 17 Gongrentiyuchang Beilu ; 工体北路17号 ; 11h-12h30 ; M Dongsi Shitiao)

Se restaurer

Duck de Chine

CANARD LAQUÉ ¥¥¥

3 Plan p. 80, C3

Installé au "1949" (ensemble restauré de type industriel à cour carrée), ce restaurant élégant combine techniques culinaires françaises et chinoises pour rôtir ses canards, proposant notamment une version plus légère du traditionnel canard laqué (238 ¥). L'endroit est fréquenté par un mélange d'expatriés et de Pékinois aisés qui s'accordent à dire qu'on sert ici la meilleure volaille de la ville. (全鸭季, Quányājì ; 010 6521 2221 ; Courtyard 4, 1949, près de Gongrentiyuchang Beilu, 工体北路四号院 ; plats 78-488 ¥ ; 11h-14h et 17h30-22h30 ; ; M Tuanjiehu)

In & Out

YÚNNÁN ¥¥

4 Plan p. 80, C1

Ce restaurant à la fois convivial et branché met à l'honneur la cuisine bigarrée des nombreuses minorités ethniques de la province du Yúnnán, dans le sud-ouest du pays. Malgré la popularité du lieu, les saveurs sont restées authentiques et les prix raisonnables, sauf si vous optez pour les plats à base de champignons du Yúnnán (réputés en Asie). Essayez les "Over the Bridge Noodles" ("nouilles sur le pont", 45 ¥), un classique, ou les excellentes côtes de bœuf Dongba (56 ¥). (一坐一忘, Yī Zuò Yī Wàng ; 010 8454 0086 ; 1 Sānlǐtún Beixiaojie, 三里屯北小街1号 ; plats à partir de 28 ¥ ; 11h-22h ; ; M Agricultural Exhibition Centre)

Hóng Lú

PÉKINOIS ¥¥

5 Plan p. 80, C3

L'endroit parfait pour goûter d'authentiques spécialités pékinoises dans un environnement agréable (non-fumeur). Le bœuf braisé (56 ¥) merveilleusement tendre, l'agneau Manchu Bannerman savoureux (56 ¥) ou le demi-canard (88 ¥), le tout accompagné de sauce aux prunes. Pas d'enseigne en anglais : repérez la porte écarlate. (红炉 ; 010 6595 9872 ; 60 Sānlǐtún Nanlu, 三里屯南路6号楼南侧60米 ; plats à partir de 28 ¥ ; 11h-22h ; ; M Tuanjiehu)

Bocata

CAFÉ ¥

6 Plan p. 80, C2

En plein cœur de la rue des bars de Sānlǐtún et en face du quartier commerçant le plus branché de Pékin, voici une bonne adresse pour déjeuner, surtout l'été. Le menu d'inspiration méditerranéenne – jambon et fromages ibériques – comprend de bonnes salades (à partir de 28 ¥) et d'excellentes frites. La clientèle vient surtout pour les délicieux sandwichs au pain ciabatta. (010 6417 5291 ; 3 Sānlǐtún Beǐ Lù, 三里屯北路3号 ; sandwichs à partir de 28 ¥, café à partir de 22 ¥ ; 11h30-minuit ; ; M Tuanjiehu)

Jīngzūn Peking Duck

CANARD LAQUÉ ¥¥

7 Plan p. 80, B2

L'un des restaurants les plus prisés pour déguster la spécialité de Pékin.

Non seulement la volaille y est d'un excellent rapport qualité/prix (128 ¥, garnitures comprises), mais l'établissement dispose d'une terrasse en bois, ce qui est rare pour les restaurants de ce type. Si le canard ne vous tente guère, optez pour l'un des nombreux plats très corrects venant du reste de la Chine. (京尊烤鸭, Jīngzūn Kǎoyā ; 010 6417 4075 ; 6 Chunxiu Lu, 春秀路6号 ; plats 36-96 ¥ ; 11h-22h ; ; M Dongzhimen ou Dongsi Shitiao)

Carmen

ESPAGNOL ¥¥

8 Plan p. 80, C2

Le bar à tapas le plus animé de Pékin se résume à un long espace étroit aux tables alignées le long des murs. Ce n'est pas l'adresse idéale pour un repas intime, mais on y déguste un choix conséquent de tapas, de jambons et fromages espagnols et des plats aux accents méditerranéens, notamment une paella gargantuesque (199 ¥) qui nourrit aisément quatre convives. Bonne carte des vins. Juste à côté du Nali Patio, une populaire terrasse sur cour. (卡门, Kǎmén ; 010 6417 8038 ; Nali Patio north side, 81 Sānlǐtún Lu, 三里屯路那里花园北外81层 ; plats à partir de 70 ¥ ; 12h-1h ; ; M Tuanjiehu)

Bǎoyuán Dumpling Restaurant

RAVIOLIS ¥

9 Plan p. 80, D1

Distrayant pour les enfants (et assez savoureux pour que les parents y trouvent leur compte), ce restaurant de raviolis éblouit sa clientèle avec un choix immense de *jiǎozi* multicolores (饺子 ; raviolis bouillis), dont plusieurs variantes végétariennes. Les colorants alimentaires de la pâte sont tous naturels (carotte pour l'orange ; épinards pour le vert) et ajoutent de

Q 100% pékinois

Bière artisanale et barbecue

En 2010, une révolution a éclaté à Pékin. Pour une fois, il n'y avait aucun enjeu politique : il s'agissait purement et simplement de bière. Tout a commencé lorsque **Great Leap Brewing** (Plan p. 80, B2 ; 大跃啤酒, Dàyuè Píjiǔ ; 010 6416 6887 ; Ziming Mansion Unit 101, 12 Xinzhong Jie, 新中街乙12号紫铭大厦101室 ; bières à partir de 25 ¥, burgers à partir de 40 ¥ ; 11h30-1h dim-jeu, 11h30-2h ven-sam ; ; M Dongsi Shitiao) s'est mis à brasser sa propre bière, à base d'ingrédients 100% locaux. Aujourd'hui, au moins cinq microbrasseries sont en activité à Pékin. Celles mentionnées ici proposent en outre un succulent barbecue à l'américaine. Essayez les bières Jing A de **Big Smoke** (Plan p. 80, B2 ; 010 6416 5195 ; 1/F Lee World Building, Xingfucun Zhong Lu, 幸福村中路 57 号利世商务楼一层 ; plats à partir de 36 ¥ ; 11h-minuit ; M Dongsi Shitiao) – probablement les meilleures de la ville – ou les ales Slow Boat Brewery servies au **Home Plate Bar B-Que** (Plan p. 80, C3 ; 本垒美式烤肉, Běnlěi Měishì Kǎoròu ; 400 096 7670 ; Lot 10, Cour 4, 三里屯机电院10号 ; bières à partir de 30 ¥, plats à partir de 30 ¥ ; 11h-1h ; M Tuanjiehu).

la saveur aux garnitures. Celui-ci vaut bien les autres restaurants du genre à Pékin. (宝源饺子屋, Bǎoyuán Jiǎozi Wū ; ☎010 6586 4967 ; 6 Maizidian Jie, 麦子店街6号 ; plats à partir de 28 ¥, raviolis à partir de 13 ¥ ; ⏰11h15-22h15 ; 🚭 📋 ; Ⓜ Liangmaqiao ou Agricultural Exhibition Centre)

Bookworm

CAFÉ ¥¥

10 Plan p. 80, C3

Tout à la fois bar, café, restaurant et bibliothèque, le Bookworm est une institution à Pékin, et l'un des épicentres de la vie culturelle. Bien au-delà du café haut de gamme, il recèle plus de 16 000 livres à feuilleter en sirotant son café. La cuisine, peu inspirée, affiche des tarifs raisonnables, et la carte des vins est correcte. (书虫, Shūchóng ; ☎010 6586 9507 ; www.beijingbookworm.com ; Bâtiment 4, NanSānlǐtún Lu, 南三里屯路4号楼 ; plats à partir de 60 ¥ ; ⏰9h-minuit ; 🚭 📶 📋 ; Ⓜ Tuanjiehu)

Prendre un verre

Apothecary

BAR À COCKTAILS

Avec ses cocktails amoureusement préparés, parmi lesquels d'ingénieuses créations maison, l'Apothecary est devenu l'un des meilleurs bars à cocktails de la ville, à l'atmosphère sophistiquée mais détendue. Si beaucoup d'établissements (voir 8 Plan p. 80, C2) lui ont emboîté le pas, rares sont ceux qui peuvent rivaliser avec son souci du détail – la carte relate par le menu la création de chaque boisson – et la qualité de ses breuvages. (酒术, Jiǔ Shù ; ☎010 5208 6040 ; www.apothecarychina.com ; 3e ét. Nali Patio, 81 Sānlǐtún Beǐ Lù, 三里屯北路81号那里花园3层 ; cocktails à partir de 65 ¥ ; ⏰18h-tard ; 📶 ; Ⓜ Tuanjiehu)

Migas Bar

BAR

Ce restaurant espagnol doit sa pérennité à la qualité de ses plats, à son bar cosy et au merveilleux toit-terrasse (voir 8 Plan p. 80, C2) – bondé le week-end –où il fait bon l'été, profiter de la vue un cocktail à la main. DJ le vendredi et concerts le mardi. Le restaurant, séparé du bar, est tout aussi populaire, même les soirs de semaine. (米家思 ; Mǐ Jiā Sī ; ☎010 5208 6061 ; 6e ét. Nali Patio, 81 Sānlǐtún Beǐ Lù, 三里屯北路81号那里花园6层 ; bière à partir de 30 ¥, cocktails à partir de 60 ¥, plats à partir de 98 ¥ ; ⏰12h-14h30 et 18h-22h30, bar 18h-tard ; 📶 📋 ; Ⓜ Tuanjiehu)

Revolution

BAR

11 Plan p. 80, C2

Ce minuscule bar à la fois charmant et accueillant a pour thème la révolution culturelle : des photos de Mao ornent les murs, tandis que sont diffusés des films patriotiques chinois des années 1960. Toutefois, les clients sont davantage attirés par le vaste choix de cocktails et le single malt à prix abordables que par le Grand Timonier. Happy hour de 17h à 20h. (革命酒吧, Gémìng Jiǔbā ; ☎010 6415 8776 ; secteur ouest du marché de Yashow,

HUNG CHUNG CHIH/SHUTTERSTOCK ©

La Troupe acrobatique de Pékin au Théâtre Cháoyáng (p. 86)

Gongti Beilu, 工体北路雅秀市场西侧 ; bières à partir de 35 ¥, cocktails à partir de 45 ¥ ; dim-mar 17h-1h, mer-sam 17h-2h ; M Tuanjiehu)

Paddy O'Shea's

BAR SPORTIF

12 Plan p. 80, B1

L'un des meilleurs bars de Pékin pour les événements sportifs télévisés (football de Ligue 1 principalement, mais aussi rugby, tennis et Formule 1). Paddy dispose de nombreux écrans, ce qui permet de suivre plusieurs chaînes à la fois. L'atmosphère n'est pas vraiment celle d'un pub irlandais, mais on peut s'asseoir au comptoir, le service est chaleureux et efficace, et une petite restauration est proposée.

(爱尔兰酒吧, Aì'érlán Jiǔbā ; 010 6415 6389 ; 28 Dongzhimenwai Dajie, 东直门外大街28号 ; bières à partir de 25 ¥ ; 10h-2h ; ; M Dongzhimen)

d. Lounge

BAR

13 Plan p. 80, C3

Hauts plafonds et murs en briques apparentes donnent à ce bar décontracté l'allure d'une usine reconvertie, tandis que le comptoir blanc étincelant ajoute une note futuriste. Les boissons sont soigneusement mixées, et l'atmosphère branchée sans être guindée. On nous a signalé l'attitude parfois désobligeante des serveurs de ce bar pourtant prisé. Difficile à trouver : cherchez le petit "d". (酒术, Jiǔ Shù ; Courtyard 4, Gongti Beilu, 工体北路 4 号院 ; cocktail à partir de 60 ¥ ; 19h-tard ; M Tuanjiehu)

Destination CLUB

14 Plan p. 80, B3

Un club qui convient aussi bien aux hommes qui aiment les hommes qu'aux femmes désireuses de passer une soirée tranquille. Jetez un coup d'œil aux ours en peluche derrière le comptoir. L'intérieur quelconque et les murs de béton ne rebutent pas les fêtards, qui doivent jouer des coudes le week-end. Étant le seul véritable club gay de Pékin, il n'a pas à craindre la concurrence. (目的地, Mùdìdì ; 7 Gongrentiyuchang Xilu, 工体西路7号 ; entrée 60 ¥ ; 20h-tard ; M Cháoyángmen)

100% pékinois

Karaoké

Les Pékinois viennent décompresser après le travail dans les bars à karaoké ("KTV") et y faire la fête. Une fois surmontée votre éventuelle réticence à chanter en public, vous constaterez que le karaoké est un excellent moyen de s'amuser. Le mieux consiste à essayer avec des Pékinois. Sinon, le **Melody KTV** (Plan p. 80, B4 ; 麦乐迪, Màilèdí ; 010 6551 0808 ; A-77 Cháoyángmenwai Dajie 朝阳门外大街 A-77 号 ; petite salle pour 5-6 personnes semaine/week-end 160/260 ¥/heure ; 11h-6h) ou le **Partyworld KTV** (Plan p. 80, A4 ; 钱柜, Qiánguì ; 010 6588 3333 ; Fanli Building, 22 Cháoyángmenwai Dajie, accès par Chaowaishichang Jie, 朝阳门外大街22号 泛利大夏 ; petite salle pour 5-6 personnes semaine/week-end 200/400 ¥ pour 3 heures ; midi-5h30) possèdent un choix de chansons en anglais et on peut aussi y boire et grignoter.

Sortir

Théâtre universel (théâtre du Ciel et de la Terre) ACROBATIES

15 Plan p. 80, A2

Les jeunes artistes de la Troupe nationale chinoise d'acrobatie se livrent à des contorsions défiant les lois de la physique. Ce spectacle étant très apprécié des groupes, mieux vaut réserver. Repérez la structure blanche digne d'une tour de contrôle : c'est là que se trouve la billetterie. Sachez que plus on s'éloigne de la scène, plus le prix des places grimpe. (天地剧场, Tiāndì Jùchǎng ; 010 6416 0757 ; 10 Dongzhimen Nandajie 东直门南大街 10 号 ; 180-680 ¥ ; spectacles 19h15 ; M Dongsi Shitiao)

Théâtre Cháoyáng ACROBATIES

16 Plan p. 80, D4

Apprécié des visiteurs étrangers, ce théâtre accueille des troupes d'acrobates venues de toute la Chine, jonglant avec des assiettes tournantes et sautant à travers des cerceaux. De nombreux hôtels se chargent des réservations. (朝阳剧场, Cháoyáng

Jùchǎng ; ☎010 6507 2421 ; 36 Dongsanhuan Beilu, 东三环北路36号 ; billets 280-880 ¥ ; ⏲spectacles 17h15 et 19h15 ; Ⓜ Hujialou)

Shopping

Sānlǐtún Village
CENTRE COMMERCIAL

17 Plan p. 80, C2

Ce temple de la consommation tape-à-l'œil est l'une des curiosités commerciales et architecturales du quartier. Le "Village", officiellement nommé Taikoo Li (Tàigǔlǐ ; 太古里), domine un secteur composé jadis de rues sordides semées de bars décrépits. Depuis sa construction, le quartier est fréquenté assidument par les Pékinois comme par les étrangers. Le complexe se divise en deux centres commerciaux de taille moyenne, le **South Village** et le **North Village**. (19 Sānlǐtún Lù, 三里屯路19号 ; ⏲10h-22h ; Ⓜ Tuanjiehu)

Marché aux vêtements de Sānlǐtún Yashow
VÊTEMENTS, SOUVENIRS

18 Plan p. 80, C2

Ce marché en tout genre sur cinq niveaux attire les expatriés et les touristes. Rez-de-chaussée : chaussures, sacs à main et valises. Big Shoes est une bonne enseigne si vous peinez à trouver votre taille. Au 1er étage : manteaux et vestes ; 2e étage : chemises, costumes et mode femme ; 3e étage : soieries, vêtements ; 4e étage : tapis, tissus, bijoux, souvenirs, jouets. Négociez âprement. (三里屯雅秀服装市场 ; Sānlǐtún Yǎxiù Fúzhuāng Shìchǎng ; 58 Gongti Beilu ; 工体北路58号 ; ⏲10h-20h30 ; Ⓜ Tuanjiehu)

> À savoir
>
> **Le Sānlǐtún sordide**
>
> L'artère principale du quartier, Sānlǐtún Lu, présente actuellement un visage peu attirant – le soir, des rabatteurs de salons de massages et des prostitué(e)s pointent leur nez – et ses bars n'ont rien d'engageant. Ne vous laissez pas attirer à l'intérieur : les boissons sont hors de prix et/ou frelatées et le quartier compte d'autres adresses bien plus agréables.

Bǎinǎohuì Computer Mall
ÉLECTRONIQUE

19 Plan p. 80, B4

Quatre étages d'accessoires électroniques : ordinateurs, lecteurs MP3, CD et DVD vierges, accessoires de jeux, logiciels et autres gadgets. Les prix sont relativement compétitifs et vous pouvez marchander, mais n'espérez pas de grosses remises. Jouxtant le centre commercial, un certain nombre de magasins vendent des téléphones portables et des cartes SIM locales. (百脑汇电脑市场 ; Bǎinǎohuì Diànnǎo Shìchǎng ; 10 Cháoyángmenwai Dajie 朝阳门外大街10 号 ; ⏲9h-20h ; Ⓜ Dongdaqiao)

Explorer

Sud de Cháoyáng

Dominé par la spectaculaire tour CCTV, le sud de Cháoyáng (朝阳南) a connu une réhabilitation majeure ces dernières années. Les gratte-ciel du quartier des affaires abritent quantité de restaurants et de bars branchés. Les amateurs de shopping seront ravis par la présence des marchés et des centres commerciaux dans ce secteur, où sont aussi installées des enseignes de créateurs pékinois renommés.

L'essentiel en un jour

S'il s'agit d'un week-end, cela vaut la peine de se lever tôt pour arpenter le **marché aux puces de Pānjiāyuán** (p. 90), en quête de l'objet rare. On peut aisément y consacrer toute la matinée avant de repartir les bras chargés de "trésors".

Faites une pause déjeuner à **Din Tai Fung** (p. 96) pour déguster des raviolis exceptionnels. De là, effectuez un rapide détour pour admirer la **tour CCTV** (p. 95) non loin, la plus impressionnante de toutes les réalisations architecturales ayant fleuri dans la capitale. Enchaînez avec une séance shopping : les marchés et les centres commerciaux du quartier méritent une halte, mais essayez de garder du temps pour certaines boutiques originales du secteur.

Une fois vos achats terminés, optez pour l'un des excellents restaurants du quartier. **Nàjiā Xiǎoguǎn** (p. 95) puise dans les anciennes recettes impériales, tandis que **Desert Rose** (p. 96) propose la meilleure cuisine d'Asie centrale de la ville. Terminez la soirée par un verre au **Xiù** (p. 97) en admirant les gratte-ciel, ou défoulez-vous au **Spark** (p. 97), le club ultrabranché de la capitale.

Pour une journée 100% pékinoise dans le sud de Cháoyáng, voir p. 92.

Les incontournables

Marché aux puces de Pānjiāyuán (p. 90)

100% pékinois

Séance de shopping à la mode de Běijīng (p. 92)

Le meilleur du quartier

Se restaurer

Nàjiā Xiǎoguǎn (p. 95)

Din Tai Fung (p. 96)

Desert Rose (p. 96)

Prendre un verre et sortir

Xiù (p. 97)

Spark (p. 97)

Stone Boat (p. 95)

Shopping

Shard Box Store (p. 93)

The Place (p. 93)

China World Shopping Mall (p. 93)

Comment y aller

M Métro La ligne 10 traverse le sud de Cháoyáng du nord au sud, et la ligne 1 d'est en ouest. Pour rejoindre Pānjiāyuán, suivez la ligne 10 jusqu'à Jinsong ; la tour CCTV est proche de l'arrêt Jintaixizhao. Sur la ligne 1, descendez à Jianguomen pour le parc Rìtán et à Yong'anli pour le marché de la Soie.

Les incontournables
Marché aux puces de Pānjiāyuán

Ce marché aux puces haut en couleur est de loin le meilleur endroit de la ville pour dénicher des œuvres d'art, des créations artisanales et des pièces d'antiquité. Riche de quelque 3 000 exposants, Pānjiāyuán vend d'innombrables objets chinois et tout autant de curiosités moyen-orientales. Le marché bat son plein le week-end, lorsque près de 50 000 badauds affluent quotidiennement en quête d'une précieuse porcelaine Ming.

潘家园古玩市场, Pānjiāyuán Gǔwán Shìchǎng

Plan p. 94, C5

ouest de Pānjiāyuán Qiao, 潘家园桥西侧

8h30-18h lun-ven, 4h30-18h sam et dim

M Pānjiāyuán

À ne pas manquer

Tapis

On trouve à Pānjiāyuán un vaste choix de tapis anciens ou plus récents, en provenance de toute la Chine – l'art du tapis s'est étendu de la Mongolie-Intérieure au Xīnjiāng, la tradition remontant à la route de la Soie. Il est en général plus intéressant d'acheter un tapis ancien : ils sont tissés à la main et leurs couleurs chatoyantes sont obtenues à partir de teintures naturelles.

Souvenirs communistes

À Pékin, le succès des souvenirs liés à Mao ne se dément pas et il en existe quantité dans les puces. *Le Petit Livre rouge*, recueil de citations de Mao, reste le best-seller. Sinon, on peut acheter des montres Mao et des radio-réveils des années 1970, ou des briquets jouant l'hymne national chinois, à l'effigie du Grand Timonier.

Tableaux et affiches

Autres trouvailles de choix : les calligraphies et les peintures à l'encre sur rouleau représentant des paysages chinois. Rares sont toutefois les œuvres impérissables ou d'une réelle valeur. Les affiches de publicité pour les cigarettes de Shànghǎi datant des années 1920 et 1930 constituent un achat intéressant, car elles prendront de la valeur… à condition d'acquérir un original.

Vide-greniers

Pānjiāyuán a vu le jour au début des années 1980, lorsque les habitants essayaient de monnayer les biens de famille accumulés au temps où la libre entreprise était interdite en Chine. Aux abords des puces, vous apercevrez sans doute des particuliers qui semblent avoir vidé leur grenier. Regardez soigneusement, vous dénicherez peut-être quelques trésors.

À savoir

- L'ambiance est beaucoup plus animée le week-end.
- Plus vous arriverez tôt, plus vous aurez une chance de dénicher un objet rare et moins vous aurez à jouer des coudes pour vous frayer un chemin.
- Les règles de marchandage habituelles à Pékin (le prix annoncé peut se diviser par deux) ne s'appliquent pas ici. Certains vendeurs commencent par multiplier les tarifs par dix. Négociez âprement et comparez les prix.

Une petite faim ?

Des échoppes de nourriture sont disséminées partout. En choisissant un endroit fréquenté, vous ne pourrez pas vous tromper. À défaut, remontez vers le nord par le métro jusqu'au **Din Tai Fung** (p. 96), qui prépare de savoureux raviolis dans un cadre irréprochable.

100% pékinois
Séance de shopping à la mode de Pékin

Le shopping est l'un des grands plaisirs des Pékinois qui aiment par-dessus tout réaliser de bonnes affaires. Bondés en permanence, les marchés et les centres commerciaux du sud de Cháoyáng sont idéaux pour s'essayer à acheter à la manière chinoise et aiguiser ses talents en matière de négociation.

1 Marché de la Soie

Véritable institution pékinoise, le **marché de la Soie** (秀水市场 ; Xiùshuǐ Shìchǎng ; 14 Dongdaqiao Lu 东大桥路 14 号 ; ⌚9h30-21h ; Ⓜ Yong'anli) est le lieu d'âpres marchandages. Les stands répartis sur six niveaux sont tenus par des jeunes femmes qui flattent et amadouent les clients pour qu'ils achètent leurs marchandises à des prix surestimés. Méfiez-vous des

nombreuses contrefaçons très bien imitées. Les soieries figurent parmi les pièces authentiques et l'on y trouve également du cachemire.

❷ China World Shopping Mall

Rempli de marques de luxe, comme Burberry, Marc Jacobs et Prada, de boutiques branchées et de bijouteries, le **China World** (国贸商城, Guómào Shāngchéng ; 1 Jianguomenwai Dajie 建国门外大街 1 号 ; 10h-21h30 ; M Guomao) est le centre commercial le plus prisé de Pékin. Son sous-sol abrite même une patinoire.

❸ Xiǎo Wáng's Family Restaurant

Prenez le temps d'un déjeuner dans cet établissement incontournable. Aménagé sur trois niveaux, **Xiǎo Wáng's** (小王府, Xiǎo Wángfǔ ; 010 6594 3602 ; 2 Guanghua Dongli ; 光华东里 2 号 ; plats 28-88 ¥ ; 11h-22h30 ; ; M Jintaixizhao) sert depuis vingt ans des recettes de toute la Chine à prix raisonnables (le canard laqué est particulièrement avantageux). Au bout d'une ruelle non loin de Guanghua Lu.

❹ The Place

Depuis quelques années, Pékin connaît un fol engouement pour les centres commerciaux et il semble s'en ouvrir un par semaine. Nous recommandons **The Place** (世贸天阶, Shìmào Tiānjiē ; 9a Guanghua Lu 光华路甲 9 号 ; 10h-22h ; M Yong'anli) pour son impressionnant écran géant qui fascine les plus jeunes, ainsi que pour ses marques de milieu de gamme, dont Zara et French Connection, très appréciées des Pékinois.

❺ Shard Box Store

Les merveilleuses créations (boîtes, flacons) de cette **boutique familiale** (慎德阁, Shèndégé ; 010 8561 8358 ; 4 Ritan Beilu 日坛北路 4 号 ; 9h-19h ; M Dongdaqiao) sont des pièces uniques réalisées à partir de tessons de vases en porcelaine des dynasties Ming et Qing détruits pendant la Révolution culturelle. On trouve aussi bien des petites boîtes (25 ¥), pour ranger bagues ou boutons de manchette, que des modèles de grande taille (780 ¥). Réparation et vente de bijoux, essentiellement tibétains et mongols.

❻ Marché d'Alien's Street

Juste au nord du parc Rìtán, le grouillant **marché d'Alien's Street** (老番街市场, Lǎo Fān Jiē Shìchǎng ; Chaowaishichang Jie, 朝外市场街 ; 9h30-19h ; M Cháoyángmen) renferme une grande variété de vêtements et des tonnes d'accessoires. Il a la cote auprès des marchands russes de passage, ce qui explique les grandes tailles proposées. Préparez-vous à être salué en russe et à marchander sec.

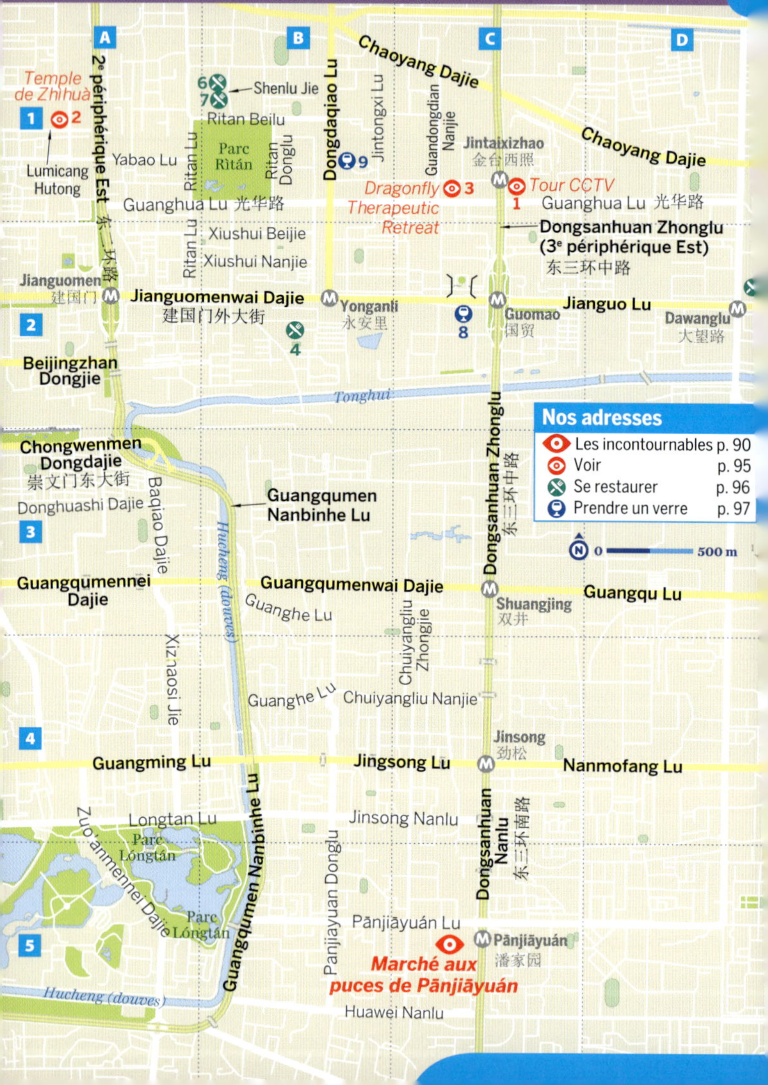

A
B
C
D
1
2
3
4
5
Temple de Zhìhuà
2
Lumicang Hutong
2e périphérique Est
东二环路
6
7
Shenlu Jie
Ritan Beilu
Parc Rìtán
Ritan Lu
Ritan Donglu
Yabao Lu
Guanghua Lu 光华路
Xiushui Beijie
Xiushui Nanjie
Dongdaqiao Lu
9
Jintongxi Lu
Chaoyang Dajie
Guandongdian Nanjie
Jintaixizhao
金台西照
Dragonfly Therapeutic Retreat
3
Tour CCTV
1
Guanghua Lu 光华路
Dongsanhuan Zhonglu
(3e périphérique Est)
东三环中路
Jianguomen
建国门
Jianguomenwai Dajie
建国门外大街
Yonganli
永安里
4
8
Guomao
国贸
Jianguo Lu
Dawanglu
大望路
Beijingzhan Dongjie
Tonghui
Chongwenmen Dongdajie
崇文门东大街
Donghuashi Dajie
Baqiao Dajie
Guangqumen Nanbinhe Lu
Hucheng (douves)
Dongsanhuan Zhonglu
东三环中路
Nos adresses
Les incontournables p. 90
Voir p. 95
Se restaurer p. 96
Prendre un verre p. 97
0
500 m
Guangqumennei Dajie
Guangqumenwai Dajie
Guanghe Lu
Chuiyangliu Zhongjie
Shuangjing
双井
Guangqu Lu
Xinaosi Jie
Guanghe Lu
Chuiyangliu Nanjie
Jinsong
劲松
Guangming Lu
Jingsong Lu
Nanmofang Lu
Longtan Lu
Parc Lóngtán
Zuo'anmennei Dajie
Guangqumen Nanbinhe Lu
Jinsong Nanlu
Panjiayuan Donglu
Dongsanhuan Nanlu
东三环南路
Parc Lóngtán
Pānjiāyuán Lu
Pānjiāyuán
潘家园
Marché aux puces de Pānjiāyuán
Hucheng (douves)
Huawei Nanlu

Voir

Tour CCTV

ARCHITECTURE

1 Plan p. 94, C1

Ressemblant à un immense pantalon – elle est surnommée localement Dà Kùchǎ (大裤衩), "la grande culotte" –, la tour de la télévision centrale chinoise est une véritable curiosité architecturale. Elle semble défier les lois de la gravité grâce à sa conception technique peu commune : une boucle extravagante en trois dimensions, quadrillée d'une armature irrégulière. Conçu par Rem Koolhaas et Ole Scheeren, l'édifice outrageusement moderne est un ajout unique au panorama urbain de la ville. (央视大楼, Yāngshì Dàlóu ; 32 Dongsanhuan Zhonglu ; 东三环中路32号 ; M Jintaixizhao)

Temple Zhìhuà

TEMPLE BOUDDHIQUE

2 Plan p. 94, A1

Les vénérables temples de Pékin perdent parfois leur authenticité du fait de restaurations peu scrupuleuses. Ce n'est pas le cas de ce temple chancelant, caché dans un *hútòng* peu fréquenté, qui n'est plus en activité. Ayant échappé aux rénovations somptueuses qui s'accompagnent invariablement d'une hausse du droit d'entrée et de bruyantes visites de groupes, il fleure bon le Pékin d'autrefois. (智化寺, Zhìhuà Sì ; 5 Lumicang Hútòng ; 禄米仓胡同5号 ; adulte 20 ¥, audioguide 10 ¥, gratuit mer ; 8h30-16h30, fermé lun ; M Jianguomen ou Cháoyángmen)

100% pékinois

Parc Rìtán

L'un des espaces verts les plus agréables de Pékin, le parc **Rìtán** (Plan p. 94, B1 ; 日坛公园, Rìtán Gōngyuán ; Ritan Lu ; entrée libre ; 6h-21h ; M Cháoyángmen ou Jianguomen), merveilleusement paysagé, est parfait pour se ressourcer au cœur de la ville et observer les habitants qui s'adonnent à leurs passe-temps favoris. Au nombre des activités possibles : danse, chant, cerf-volant, escalade (25-60 ¥), ping-pong et pêche (5 ¥/h). On peut se contenter d'une balade en admirant la végétation, ou rejoindre le **Stone Boat** (Plan p. 94, B1 ; 石舫咖啡, Shífǎng Kāfēi ; 010 6501 9986 ; bière et café à partir de 25 ¥, cocktails à partir de 40 ¥ ; 10h-22h avr-oct, 10h-18h nov-mars ; M Jianguomen), au sud-ouest du parc, un café fréquenté la journée se transformant en bar branché le soir venu.

Dragonfly Therapeutic Retreat

MASSAGE

3 Plan p. 94, C1

Une enseigne de massage élégante et professionnelle, au sous-sol du Kerry Centre. (010 8529 6331 ; Kerry Centre, 1 Guanghua Lu ; 嘉里中心光华路1号 ; 10h-23h)

Se restaurer

Nàjiā Xiǎoguǎn CUISINE IMPÉRIALE ¥¥

4 Plan p. 94, B2

Installé dans une cour intérieure rénovée sur deux étages, cet excellent restaurant évoque une maison de thé chinoise traditionnelle et l'atmosphère du Pékin d'antan. Le menu s'inspire d'un vieux livre de cuisine impériale, la *Bible des bouillons d'or*. Les plats, tous délicieux, sont abordables étant donné leur qualité. (那家小馆 ; ☎010 6567 3663 ; 10 Yong'an Xili, près de Jianguomenwai Dajie, Chunxiu Lu, 建国门外大街永安西里10号 ; plats 40-90 ¥ ; ⏲11h30-21h ; 📄 ; M Yong'anli)

> **100% pékinois**
>
> **Le Pékin russe**
>
> La Chine et l'URSS étaient autrefois très proches, tant en raison de leur régime communiste commun que de leur proximité géographique. Les rues bordant le parc Rìtán ont toujours été le noyau dur du quartier fréquenté par l'importante communauté russe de Pékin, et il peut être amusant d'y passer une soirée. Commencez par un dîner à l'**Elephant** (Plan p. 94, B1 ; 大笨象, Dàbèn Xiàng ; ☎010 8561 4013 ; Ritan Beilu, 日坛北路 ; plats à partir de 42 ¥ ; ⏲9h-4h ; 📄 ; M Cháoyángmen), restaurant très couru ouvert jusque tard dans la nuit, qui propose un vaste choix de classiques russes et de la vodka bon marché. Rendez-vous ensuite au **Chocolate** (Plan p. 94, B1 ; 巧克力, Qiǎokèlì ; ☎010 8561 3988 ; 19 Ritan Beilu, 日坛北路19号 ; ⏲21h-6h ; M Cháoyángmen), le plus moscovite des clubs pékinois.

Din Tai Fung RAVIOLIS ¥¥

5 Plan p. 94, D2

Le tout premier restaurant de cette chaîne haut de gamme, basé à Taïpei, a jadis été salué comme l'une des dix meilleures tables du monde par le *New York Times*. Ce n'est plus vrai aujourd'hui, mais les raviolis servis ici ont gardé leur singularité, notamment le *xiǎolóngbāo*, des raviolis à pâte fine farcis à la viande ou aux légumes, accompagnés d'un succulent bouillon fumant. (鼎泰丰, Dǐng Tài Fēng ; ☎010 6553 1536 ; 6e ét., Shin Kong Place, 87 Jianguo Lu, 建国路87号新光天地店6楼 ; raviolis à partir de 23 ¥, nouilles 28-55 ¥ ; ⏲11h30-21h30 ; 🚭📄 ; M Dawanglu)

Desert Rose ASIE CENTRALE ¥¥

6 Plan p. 94, B1

Les propriétaires originaires d'Azerbaïdjan servent la meilleure cuisine d'Asie centrale de la capitale, relevée de notes turques et russes. Vaste choix de kebabs (à partir de 50 ¥) et de riz pilaf – un classique d'Asie centrale à base de riz et de viande. L'établissement, non-fumeur, ne sert pas d'alcool. (沙漠玫瑰, Shāmò Méiguī ; ☎010 8569 3576 ; 1-07, 39 Shenlu Jie, 神路街39号院1号楼1-07 ; plats à partir de 45 ¥ ; ⏲9h-1h ; 🚭📄 ; M Cháoyángmen)

Uighur Willow

XĪNJIĀNG ¥

7 Plan p. 94, B1

Presque en face de la porte nord du parc Rìtán, dans une ruelle bordée de restaurants qui s'éveille le soir venu, cet établissement sympathique et confortable est fréquenté essentiellement par des Ouïghours, ethnie native du Xīnjiāng, à l'extrême ouest de la Chine. Pas d'alcool. On y sert des spécialités ouïghoures comme le *polo*, les *laghman* (nouilles) et les incontournables kebabs. (新疆红柳餐厅 ; Xīnjiāng Hónglǐu Cāntīng ; 010 5622 1508 ; 39 Shenlu Jie ; 神路街39号日坛国际贸易中心 ; plats à partir de 22 ¥, kebabs 10 ¥ ; 10h-23h ; ; M Cháoyángmen)

STEPHANIE LEONG/EYEEM/GETTY IMAGES ©

Raviolis au Din Tai Fung

Prendre un verre

Xiù

BAR

8 Plan p. 94, C2

Avec sa grande terrasse en bois en plein air, son pavillon chinois et ses pièces d'eau, ce bar installé au 6e étage du Park Hyatt dame le pion aux autres bars d'hôtel chics quand vient l'été. L'espace serait un coin de paradis s'il n'était pas pris d'assaut par les Pékinois et les expatriés fortunés. Les cocktails sont abordables, sans être les meilleurs de Pékin. Concerts et DJ. (秀酒吧, Xiù Jiǔbā ; 6e ét. Park Life, Yintai Centre, 2 Jianguomenwai Dajie, 建国门外大街2银泰中心柏悦酒店6层 ; cocktails à partir de 80 ¥ ; 18h-2h ; M Guomao)

Spark

CLUB

9 Plan p. 94, B1

Appartenant à une chaîne de clubs taïwanaise, Spark a chamboulé la scène nocturne de Pékin, laissant ses concurrents à la traîne. C'est ici que la clientèle branchée vient se déhancher sur des standards house et électro, souvent mixés par des DJ étrangers, malgré l'emplacement incongru du club, au sous-sol du centre commercial The Place. Tarifs moins élevés en semaine. (010 6587 1501 ; B108, The Place, Guanghua Lu, 光华路9号世贸天阶B108 ; entrée 100-200 ¥ ; 22h-tard ven-sam, 22h-2h30 dim-mar, 22h-3h30 mer-jeu ; M Dongdaqiao ou Yonganli)

Explorer

Palais d'Été et Hăidiàn

Le somptueux palais d'Été (颐和园 ; Yíhéyuán) est le joyau de l'ouest et du nord-ouest de Pékin, qui ne se résume pourtant pas au lieu de villégiature des empereurs. Le quartier de Hăidiàn (海淀) rassemble des sites historiques, des temples et des musées, mais aussi les plus vastes espaces verts de la capitale. L'enclave estudiantine branchée de Wŭdàokŏu (五道口) contraste quant à elle par son animation.

L'essentiel en un jour

Commencez impérativement par le **palais d'Été** (p. 100). Consacrez la matinée à la découverte de cet ancien domaine impérial, doté d'un remarquable ensemble de jardins, de temples et de pavillons. Montez au sommet de la **colline de la Longévité** (p. 101) pour admirer la vue sur Pékin, et promenez-vous au bord du **lac Kūnmíng** (p. 101).

Dirigez-vous vers le parc des **Collines parfumées** (p. 129) ; en chemin, vous trouverez de nombreux endroits où déjeuner le long de la route menant à la porte nord. Arpentez les sentiers et ne manquez pas de faire halte au **temple des Nuages azurés** (p. 129). Vous pourrez également visiter d'autres beaux sites de Hǎidiàn, comme le **temple Wànshòu** (p. 106) et le **temple Wǔtǎ** (p. 106).

Le soir, direction **Wǔdàokǒu** (p. 109), bastion étudiant de la capitale. On y trouve quantité de cafés et de bars animés, parfaits pour entamer ou achever la soirée, ainsi que certains des meilleurs restaurants coréens et japonais de Pékin. Sinon, vous pouvez essayer le **Golden Peacock** (p. 110), l'un des nombreux restaurants proposant des cuisines de toute la Chine que l'on retrouve dans le quartier de Wèigōngcūn, au nord de la station de métro National Library.

Les incontournables

Palais d'Été (p. 100)

Le meilleur du quartier

Se restaurer

Golden Peacock (p. 110)

Prendre un verre et sortir

Lush (p. 110)

Temples

Temple Wànshòu (p. 106)

Temple Wǔtǎ (p. 106)

Temple des Nuages azurés (p. 129)

Comment y aller

Métro Prendre la ligne 4 jusqu'à Xiyuan pour aller au palais d'Été. Sur la même ligne, l'arrêt National Library est le plus proche des temples Wànshòu et Wǔtǎ. La ligne n°4 dessert également Wèigōngcūn, avec ses restaurants des minorités. La ligne 13 dessert le temple de la Grande Cloche et Wǔdàokǒu.

Bus Le bus 331 relie Wǔdàokǒu au palais d'Été et au parc des Collines parfumées.

Les incontournables

Palais d'Été

Le somptueux domaine royal du palais d'Été est l'un des sites incontournables de Pékin. Il constitue un remarquable ensemble, très harmonieux, de jardins paysagers, de temples, de pavillons, de ponts, de tours et de galeries autour du lac Kūnmíng. La cour impériale s'y réfugiait pour échapper à la touffeur estivale de la Cité interdite. Avec ses multiples curiosités, le palais est un lieu très agréable pour flâner lorsque le temps est clément, tout en profitant d'une vue parmi les plus belles de la capitale.

颐和园, Yíhé Yuán

Plan p. 104, A1

billet simple 20 ¥, billet combiné 50 ¥, audioguide 40 ¥

7h-19h, palais 8h-17h en été, 8h30-16h30 en hiver

M Xiyuan ou Beigongmen

Longue Galerie du Palais d'Été

À ne pas manquer

Pavillon de la Bienveillance et de la Longévité

Principal édifice à l'entrée du palais d'Été, ce **pavillon** (仁寿殿 ; Rénshòu Diàn) se dresse près de la porte est. C'est là que l'empereur gérait les affaires de l'État et recevait les émissaires. Le pavillon renferme d'ailleurs un trône en bois. Dans la cour-jardin se tiennent des statues d'animaux en bronze, dont un *qílín* (麒麟), un animal mythique qui n'apparaît sur terre qu'en période d'harmonie.

Longue Galerie

Remarquable dans sa conception et sa réalisation, la **Longue Galerie** (长廊 ; Cháng Láng) est un élégant passage en bois s'étirant sur plus de 700 m de longueur. Les poutres, les murs et une partie des plafonds sont ornés de quelque 14 000 peintures pleines de charme, évoquant des scènes de l'histoire et de la mythologie chinoises, ainsi que des textes classiques de la littérature. N'oubliez pas de lever la tête pour en examiner les détails.

Colline de la Longévité

C'est sur les flancs de la **colline de la Longévité** (万寿山, Wànshòu Shān) culminant à 60 m de hauteur que la plupart des temples et des pavillons du site du palais d'Été ont été construits selon un axe nord-sud. Les deux sanctuaires majeurs, le **temple des Fragrances bouddhiques** (佛香阁 ; Fóxiāng Gé) et le **pavillon des Nuages ordonnés** (排云殿 ; Páiyún Diàn), sont reliés par des galeries. Au sommet se dresse le **temple bouddhique de la Mer de sagesse** (智慧海, Zhìhuì Hǎi). Par temps dégagé, le regard embrasse un superbe panorama de Pékin.

☑ À savoir

- Des bateaux naviguent sur le lac Kūnmíng (p. 101), mais on peut aussi louer un pédalo (60 ¥/h, caution de 300 ¥) pour avancer à son rythme.
- Les restaurants aux abords du palais sont coûteux et médiocres.
- Si vous souhaitez visiter tous les sites du palais, achetez une entrée parc et palais ("through ticket"). Le billet "parc" permet uniquement d'arpenter l'extérieur et les rives du lac.
- Comme pour tous les sites touristiques de Pékin, évitez de venir les week-ends et jours fériés, lorsque la foule peut être oppressante.

Une petite faim ?

Situé non loin, Wǔdàokǒu est le secteur le plus propice à une pause déjeuner. Essayez **Salang Bang** (p. 109) et sa savoureuse cuisine coréenne, ou le bar à sushis **Isshin Japanesen Restaurant** (p. 109).

Lac Kūnmíng

Le **lac Kūnmíng** (昆明湖, Kūnmíng Hú), peu profond, couvre les trois quarts du parc. Cet étang naturel, réserve d'eau pour les villes environnantes, a été creusé au moment de l'aménagement du jardin impérial au XVIIIe siècle sur le modèle du célèbre lac de l'Ouest de Hángzhōu. Outre le **bateau en marbre** sur la rive nord-ouest, remarquez non loin les abris à bateau de l'époque Qing et la **tour qui retient les Nuages** (宿云檐城关 ; Sùyúnyán Chéngguān) , où était jadis conservée une ancienne statue en argent de Guanyu, le dieu de la Guerre.

Bateau en marbre

Le **bateau en marbre** (清晏舫 ; Qīngyuàn Chuán) est devenu le symbole de l'extravagance et de la démesure des souverains au crépuscule du règne impérial. Bâti en 1755, il fut restauré en 1893 sur l'ordre de l'impératrice Cixi qui y consacra les fonds destinés à la modernisation de la flotte. Une grande partie du bateau a, en réalité, été réalisée dans un bois peint de manière à évoquer le marbre.

Digue Ouest

La **digue Ouest** (西堤, Xīdī) reproduit le style de la digue Su, construite pour le lac de Hángzhōu sous la dynastie des Song, au XIIIe siècle. Se promener sur cette digue occidentale est un bon moyen d'échapper à la foule qui envahit les lieux, notamment le week-end. On peut faire le tour du lac, puis revenir par la rive orientale.

Comprendre

Grandeur et déclin du palais d'Été

Le palais d'Été s'étend sur 2,97 km^2, dont les trois quarts sont en eau. Ce jardin impérial regroupe en fait trois secteurs qui répondent chacun à une fonction particulière : activités politiques et administratives, résidence impériale, méditation et communion avec la nature dans le jardin paysager.

Le palais d'Été illustre parfaitement l'art du jardin paysager en vogue sous les dynasties impériales chinoises. Entre 1750 et 1764, l'empereur Qianlong de la dynastie Qing créa le jardin des Ondes claires (appelé palais d'Été à la fin du XIXe siècle) autour du lac Kūnmíng et fit construire pavillons et temples sur la colline de la Longévité. Avec la même détermination qu'il déploya à repousser les frontières de la Chine, il recruta 100 000 ouvriers en 1749 pour ces travaux. Qianlong donna son nom à la colline de la Longévité, à l'occasion du soixantième anniversaire de sa mère.

Au cours de la seconde guerre de l'Opium (1856-1860), le jardin et ses édifices furent très endommagés par les troupes anglo-françaises. Reconstruit entre 1886 et 1895 par l'empereur Guangxu pour l'impératrice douairière Cixi, il fut alors renommé "palais d'Été". À nouveau mis à mal en 1900 par la force expéditionnaire internationale au cours de la répression de la révolte des Boxers (membres d'une société secrète), le palais et le parc furent restaurés deux ans plus tard. Depuis 1924, c'est un parc public.

Cette langue de terre est bordée de ravissants saules pleureurs et de mûriers. En chemin, vous découvrirez le **pont de la Ceinture de jade** (玉带桥, Yùdài Qiáo), réalisé au XVIIIe siècle en marbre gris et blanc.

Île du lac du Sud

Sur l'île du lac du Sud (南湖岛), reliée à la rive par le gracieux **pont aux dix-sept arches** (十七孔桥, Shíqīkǒng Qiáo), s'élève le superbe **pavillon du Roi dragon** (龙王庙 ; Lóngwáng Miào), où les empereurs venaient prier en période de sécheresse pour qu'il pleuve. Au coucher du soleil, la rive orientale voisine est prisée des photographes venus saisir un cliché du soleil disparaissant derrière les collines. On peut aussi s'y rendre en bateau (15 ¥).

Galerie Wénchāng

Au sud de l'entrée principale, la **galerie Wénchāng** (文昌阁, Wénchāng Gé) présente des calligraphies réalisées par l'impératrice Cixi, ainsi que des porcelaines, des bronzes et des objets en jade. On y découvre aussi divers autres objets de la période Qing.

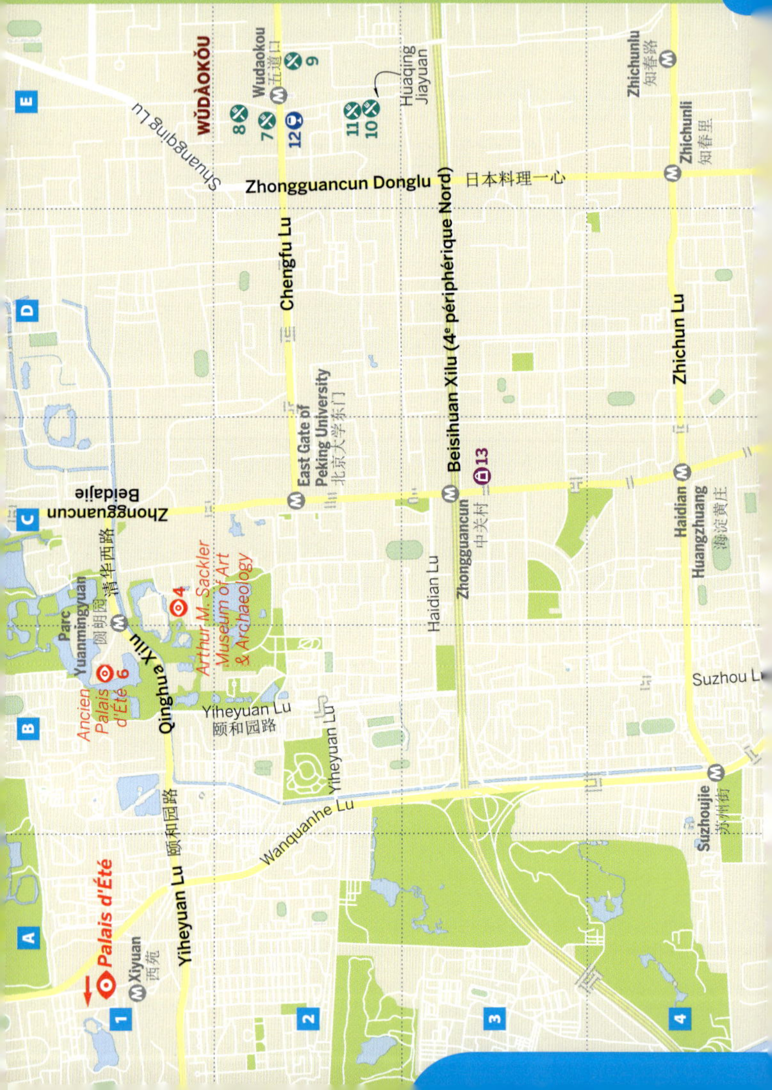

WǓDÀOKǑU
Wudaokou
五道口
Shuangqing Lu
Huaqing Jiayuan
Zhongguancun Donglu
日本料理一心
Zhichunlu
知春路
Zhichunli
知春里
Chengfu Lu
Beisihuan Xilu (4e périphérique Nord)
Zhichun Lu
East Gate of Peking University
北京大学东门
Zhongguancun Beidajie
Zhongguancun
中关村
Haidian Huangzhuang
海淀黄庄
Haidian Lu
Parc Yuanmingyuan
圆明园
清华西路
Qinghua Xilu
Arthur M. Sackler Museum of Art & Archaeology
Ancien Palais d'Été
Yiheyuan Lu
颐和园路
Suzhou Lu
Wanquanhe Lu
Suzhoujie
苏州街
Palais d'Été
Xiyuan
西苑
A
B
C
D
E
1
2
3
4

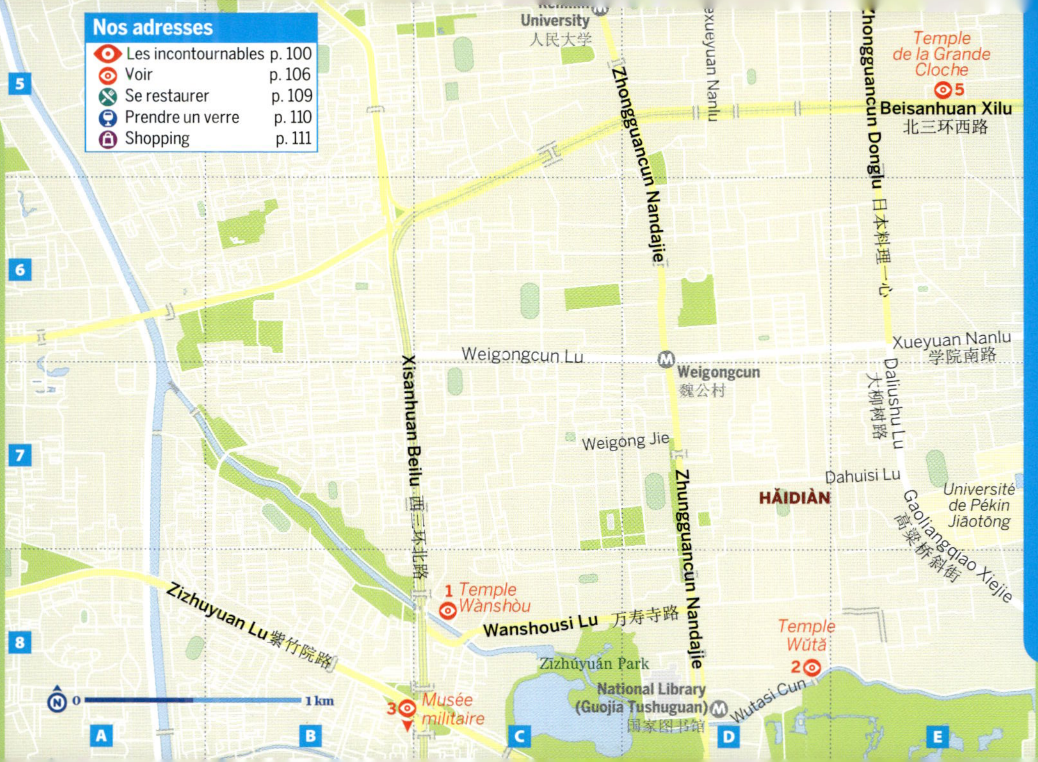
Nos adresses
Les incontournables p. 100
Voir p. 106
Se restaurer p. 109
Prendre un verre p. 110
Shopping p. 111
University
人民大学
Zhongguancun Nandajie
Zhongguancun Donglu 日本料理一心
Temple de la Grande Cloche
5
Beisanhuan Xilu
北三环西路
Xueyuan Nanlu
学院南路
Weigongcun Lu
Weigongcun
魏公村
Xisanhuan Beilu 西三环北路
Daliushu Lu
大柳树路
Weigong Jie
Dahuisi Lu
HǍIDIÀN
Université de Pékin Jiāotōng
Gaoliangqiao Xiejie
高粱桥斜街
1 Temple Wànshòu
Wanshousi Lu 万寿寺路
Zhungguancun Nandajie
Temple Wǔtǎ
2
Zizhuyuan Lu 紫竹院路
Zizhúyuán Park
National Library (Guojia Tushuguan)
国家图书馆
Wutasi Cun
3 Musée militaire
0
1 km
A
B
C
D
E
5
6
7
8

Voir

Temple Wànshòu TEMPLE BOUDDHIQUE

1 Plan p. 104, C8

Entouré d'un mur rouge à l'angle sud-est de Suzhou Jie (près du 3e périphérique), le paisible temple Wànshòu (temple de la Longévité), peu fréquenté, était à l'origine consacré à la conservation des textes bouddhiques. Datant de la dynastie Ming, son nom évoque celui de la colline de la Longévité du palais d'Été (Wànshòu Shān) ; la famille impériale y faisait halte pour prendre le thé en se rendant au palais. (万寿寺, Wànshòu Sì ; Xisanhuan Beilu, 西三环北路 ; adulte 20 ¥ ; 9h-16h30 mar-dim ; M National Library, ou Gongzhufen, puis bus 944)

100% pékinois

Le Pékin des intellos

Les habitants de Hăidiàn brillent par leur intelligence. Non seulement on trouve ici plus de 60 universités, mais Hăidiān abrite aussi Zhōngguāncūn, équivalent chinois de la Silicon Valley de Californie. Véritable vivier de professionnels des high-tech, d'étudiants et d'universitaires, il n'est pas étonnant que Hăidiàn soit depuis longtemps réputé pour ses ressources intellectuelles. Déjà en 1937, Lao She, fondateur de la littérature chinoise moderne, décrivait le quartier comme un "village universitaire" dans son roman *Le Pousse-Pousse*, devenu un classique. Vous croiserez nombre de jeunes (et moins jeunes) talents pékinois dans les bars, cafés et restaurants de Chengfu Lu, principale artère de Wŭdàokŏu (五道口), au cœur du quartier étudiant.

Temple Wŭtă TEMPLE BOUDDHIQUE

2 Plan p. 104, D8

En rénovation au moment de nos recherches, le Temple Wŭtă (temple des Cinq Pagodes) au style indien très reconnaissable mérite vraiment le détour, pas seulement à cause de son architecture inhabituelle – le temple est surmonté de cinq belles pagodes, d'où son nom –, mais aussi pour la magnifique collection de statues en pierre disséminées dans son enceinte. (五塔寺, Wŭtă Sì ; 24 Wutasi Cun, 五塔寺村24号 ; adulte 20 ¥, audioguide 10 ¥ ; 9h-16h ; M National Library)

Musée militaire MUSÉE

3 Plan p. 104, B8

Les férus d'histoire militaire seront séduits par ce bâtiment coiffé d'une étoile communiste. Au rez-de-chaussée, avions de chasse, tanks et missiles air-sol datant de la Guerre froide, à l'étage d'autres pièces d'artillerie. Les salles consacrées à la Guerre révolutionnaire agraire et à la guerre de Corée ("Guerre de résistance aux États-Unis et d'aide à la Corée") enjolivent les choses à la gloire du communisme. (军事博物馆, Jūnshì Bówùguǎn ; 9 Fuxing Lu, 复兴路9号 ; adulte 20 ¥ ; 8h30-17h30 avr-oct, 8h30-17h nov-mars, fermé lun tte l'année ; M Military Museum)

Musée d'art et d'archéologie Arthur M. Sackler MUSÉE

4 Plan p. 104, C1

Situé sur le campus de l'Université de Pékin (près de l'entrée ouest), ce musée rassemble de remarquables vestiges. On regrette que les explications ne soient pas traduites en anglais, étant donné l'importance de la collection, qui comprend notamment le squelette de l'homme de Jīnniúshān, vieux de plus de 250 000 ans, des objets en bronze et en jade, ainsi qu'une multitude d'autres objets datant de la Chine préhistorique. Entrée gratuite, sur présentation de votre passeport. (赛克勒考古与艺术博物馆, Sàikèlè Kǎogǔ Yǔ Yìshù Bówùguǎn ; Université de Pékin ; gratuit ; 9h-16h30 ; M East Gate of Peking University)

Temple de la Grande Cloche TEMPLE BOUDDHIQUE

5 Plan p. 104, E5

Récemment rénové, ce célèbre temple (appelé jadis temple Juéshēng) recevait la visite des empereurs Qing qui venaient y solliciter la pluie par leurs prières. Il doit aujourd'hui son nom à sa cloche massive (elle mesure 6,75 m de haut et pèse pas moins de 46,5 tonnes) datant de l'époque Ming. Elle est gravée de sutras bouddhiques composés de plus de 227 000 caractères et ornée d'incantations en sanskrit.

STEPHEN SHAVER/AFP/GETTY IMAGES ©

Musée militaire

(大钟寺 ; Dàzhōng Sì ; 010 6255 0819 ; 31a Beisanhuan Xilu, 北三环西路31a 号 ; billet 20 ¥ ; 9h-16h30 mar-dim ; M Dazhongsi)

Ancien palais d'Été SITE HISTORIQUE

6 Plan p. 104, B1

Au nord-ouest du centre-ville, l'ancien palais d'Été remonte au XIIe siècle. L'empereur Qianlong fit appel au talent des jésuites pour dessiner des palais à l'européenne dans les jardins, ornés de somptueuses fontaines et de statues baroques. En 1860, durant la seconde guerre de l'Opium, le palais fut incendié et mis à sac par les troupes anglo-françaises, un affront à jamais inscrit dans les livres d'histoire chinoise comme la plus grave

Comprendre

Vivre à Pékin aujourd'hui

En arpentant le secteur de Sānlǐtún aux côtés des jeunes Pékinois branchés, on oublierait presque que la Chine a été jadis une nation placée sous la coupe de l'idéologie maoïste. Dans les années 1980, un vélo ou un poste de radio étaient considérés comme des produits de luxe en Chine – on était loin de s'arracher le dernier iPhone – et le rationnement de l'alimentation n'a disparu qu'en 1993.

On peut même affirmer sans exagérer que les Pékinois n'ont jamais connu une vie plus douce. S'ils ont toujours eu la conviction de vivre au centre du monde, cette conception semble aujourd'hui d'autant plus juste que la Chine s'est élevée au rang de grande puissance. Les jeunes, en particulier, bénéficient de revenus plus élevés et d'un meilleur accès à l'éducation, ce qui leur assure un degré de liberté impensable du temps de leurs parents.

Ambitions matérialistes

Les Pékinois aspirent à vivre une vie toujours meilleure. Les nouveaux édifices et les centres commerciaux dans le centre-ville sont autant de temples dédiés aux divinités vénérées par nombre d'habitants : l'argent et le statut social. Posséder un appartement et une voiture est perçu comme essentiel, même si les prix de l'immobilier dépassent de très loin les ressources de beaucoup. Les sujets politiques ne sont guère évoqués, tout du moins pas en public, mais les consciences s'éveillent en matière de problèmes environnementaux, ce qui n'empêche pas les habitants de continuer à acheter des voitures, principale cause de la pollution de l'air dans la capitale. Les évolutions profondes et accélérées connues par la Chine ces dernières années ont été telles que la population a tendance à regarder vers l'avenir plutôt qu'à s'attarder sur un passé plutôt sombre.

La famille avant tout

Bien que le mode de vie de nombreux Pékinois soit sans comparaison avec ce qu'il était au début du nouveau millénaire, ses grands principes n'ont pas changé. La famille demeure au cœur de la société et trois générations cohabitent souvent à l'étroit sous un même toit. Pendant que leurs enfants travaillent et que leurs petits-enfants étudient, ce sont surtout les anciens qui perpétuent la tradition, se promenant dans les parcs de la ville et les *hútòng* pour bavarder et jouer aux échecs chinois ou au mah-jong.

humiliation subie par la Chine de la part des puissances étrangères. (圆明园, Yuánmíng Yuán ; 28 Qinghua Xilu, 清华西路28号 ; adulte 10 ¥, billet combiné 25 ¥, plan 6 ¥ ; 7h-18h ; M Yuanmingyuan)

Se restaurer

Salang Bang

CORÉEN ¥¥

7 Plan p. 104, E2

Lieu de rendez-vous des étudiants sud-coréens, ce restaurant très fréquenté se distingue tout particulièrement des autres établissements coréens de Wǔdàokǒu pour ses fondues chinoises (à partir de 30 ¥), dont le classique *shíguō bànfàn* (riz, légumes, viande et œuf servis dans une marmite en argile), et ses barbecues où l'on fait griller soi-même produits de la mer et viandes. Carte avec photos. (舍廊房, Shěláng Fáng ; 010 8261 8201 ; 3e ét., Dōngyuán Plaza, 35 Chengfu Lu ; 成府路 35 号东源大厦 3 层 ; plats à partir de 30 ¥ ; 11h-2h30 ; M Wǔdàokǒu)

Isshin Japanese Restaurant

JAPONAIS ¥¥

8 Plan p. 104, E2

Plébiscité par les habitants, Isshin mérite le détour si vous passez par là. Avec son design soigné, son atmosphère décontractée et ses prix raisonnables, il attire aussi bien hommes d'affaires, Japonais expatriés qu'étudiants. Le bar à sushis plaira aux voyageurs solitaires. Les bols de sushi (48 ¥) accompagnés d'une salade sont une très bonne affaire. (日本料理一心, Rìběn Liàolǐ Yī Xīn ; 010 6119 3606 ; Salle 403, Bâtiment ouest, 35 Chengfu Lu, 成府路35号院内西楼403室 ; sushis à partir de 14 ¥, plats à partir de 36 ¥ ; 11h-22h ; ; M Wǔdàokǒu)

> **100% pékinois**
>
> **Wǔdàokǒu beer garden**
>
> Lorsque Pékin émerge du grand froid hivernal, les habitants mettent le nez dehors. L'été, à Wǔdàokǒu, le secteur situé à l'ouest de la station de métro se transforme en populaire *beer garden* à ciel ouvert. Les Pékinois se rassemblent autour des tables pour déguster des bières pression à 10 ¥, des brochettes d'agneau et des ailes de poulet achetés dans les stands voisins. L'endroit s'anime en fin d'après-midi et se prolonge jusque tard dans la nuit, ce qui en fait un lieu privilégié pour commencer ou finir la soirée.

Lǎo Chē Jì

SÌCHUĀN ¥¥

9 Plan p. 104, E2

La spécialité est ici le *málàxiāngguō* (麻辣香锅), sorte de fondue chinoise à laquelle on ajoute soi-même viande, poisson et légumes, mais qui n'est pas accompagnée de l'habituel fumet bouillant. On choisit entre trois niveaux d'épices ; optez pour le moins relevé si vous y êtes sensible. Bol de nouilles à emporter 10 ¥. Menu avec photos. (老车记 ; 010 6266 6180 ; 5e ét., Wǔdàokǒu U-Centre, 36 Chengfu Lu, 成府路

36号五道口购物中心5层 ; repas pour 2 à partir de 85 ¥ ; 11h-22h ; ; M Wǔdàokǒu)

La Bamba

MEXICAIN ¥

10 Plan p. 104, E2

Haut lieu des soirées estudiantines, ce restaurant est bondé le week-end et grouille d'animation presque tous les soirs grâce à ses plats et boissons du jour. La cuisine n'est pas vraiment authentique, mais la bière bon marché (à partir de 20 ¥) et le billard ont autant de succès que les *burritos*. Vaste gamme de classiques occidentaux. (010 8286 6755 ; Wǔdàokǒu, Huaqing Jiayuan porte est, 五道口华清嘉园东门北侧12-3 ; plats à partir de 18 ¥ ; 10h30-5h ;)

100% pékinois

Cuisine des minorités chinoises à Wèigōngcūn

Pékin possède une université (民族大学 ; Mínzú Dàxué) réservée aux étudiants issus des nombreuses minorités ethniques de la Chine. Non loin, dans Weigong Jie, vous trouverez des restaurants authentiques proposant toutes sortes de cuisines : mongole, tibétaine ou ouïghoure. La meilleure adresse est sans doute le fabuleux **Golden Peacock** (plan p. 104, D7 ; 金孔雀德宏傣味餐厅, Jīn Kǒngquè Déhóng Dǎiwèi Cāntīng ; 010 6893 2030 ; Wèigōngcūn 魏公村韦伯豪家园南门对 面 ; plats à partir de 18 ¥ ; 11h-22h ; ; M Wèigōngcūn), spécialisé dans la cuisine de la minorité dai, originaire du Yúnnán (sud-ouest du pays). Pour vous y rendre, empruntez la ligne 4 et descendez à Wèigōngcūn, puis descendez Zhōngguāncūn sur 400 m en direction du sud, jusqu'à Wèigōngcūn.

Bridge Café

CAFÉ ¥

11 Plan p. 104, E2

Un café convivial, animé et lumineux, idéal pour un petit-déjeuner à l'occidental ou un panini, qui sert aussi des pâtes et de savoureuses pizzas maison, du café et des boissons, à toute heure du jour et de la nuit. On y accède via la porte latérale d'une boutique de cadeaux : montez les escaliers, c'est au 2e étage. (桥咖啡, Qiáo Kāfēi ; 010 8286 7026 ; 12-8 Huaqing Jiayuan, 华清嘉园12-8 ; plats à partir de 33 ¥ ; 24h/24 ; ; M Wǔdàokǒu)

Prendre un verre

Lush

BAR

12 Plan p. 104, E2

Pour les étudiants de Wǔdàokǒu, les Pékinois ou les étrangers, tous les chemins mènent au Lush. Le jour, c'est un café dont le menu occidental propose petits-déjeuners (40 ¥), sandwichs et salades (à partir de 45 ¥). Le soir, le programme change tous les jours – concerts, quiz, et même une soirée scène ouverte pour les poètes et chanteurs en herbe. (010 8286 3566 ; 1 Huaqing Jiayuan, Chengfu Lu, 华清嘉园1号楼2层 ; bières à partir de 20 ¥, cocktails à partir de 35 ¥ ; 8h-4h ; ; Wǔdàokǒu)

Wǔ

CLUB

Visant avant tout une clientèle d'étudiants, avec ses boissons du jour et sa musique festive, Wǔ est néanmoins plus huppé que les autres clubs du quartier. Son design propre et moderne est aux antipodes du débraillement typique de la plupart des salles de Wǔdàokǒu. Au rez-de-chaussée du centre commercial U-Centre (voir 9 Plan p. 104, E2), à deux pas du métro. (五 ; 1/F, NW Corner, Wǔdàokǒu U-Centre, Chengfu Lu, 成府路36号五道口购物中心一层西北角 ; bières à partir de 20 ¥ ; 20h-5h ; Wǔdàokǒu)

Shopping

Centergate Como

ÉLECTRONIQUE

13 Plan p. 104, C3

Zhōngguāncūn Dajie et les rues voisines comptent de nombreuses galeries marchandes spécialisées dans le numérique et l'électronique. Ce centre commercial est l'un des plus grands, 10 étages envahis de stands proposant du matériel informatique (software et hardware), des jeux, des téléphones portables, des lecteurs MP3 et des iPod, à des prix raisonnables. (科贸电子城, Kēmào Diànzǐchéng ; 18 Zhōngguāncūn Dajie, 中关村大街18号 ; 9h-19h ; Zhōngguāncūn)

Zhōngguāncūn, la Silicon Valley chinoise

Les incontournables
La Grande Muraille

Comment y aller

🚌 Les bus 877, 919 et 880 (12 ¥ ; 6h-18h30) partent pour Bādálǐng de la tour de Déshèngmén.

🚆 Quatre trains (6 ¥ ; 75 min) partent chaque matin de la gare Nord de Pékin (北京北站).

Symbole par excellence de la splendeur ancestrale de la Chine, la Grande Muraille (长城 ; Chángchéng) zigzague sur près de 8 850 km à travers tout le pays, du Xīnjiāng à la frontière avec la Corée du Nord. Le tronçon des remparts le plus proche de Pékin, Bādálǐng (八达岭), est aussi le mieux préservé – et le plus touristique ! Il n'en offre pas moins la vue classique de la Muraille ponctuée de tours de guet et serpentant à perte de vue au cœur de paysages saisissants. Mettez de bonnes chaussures et n'hésitez pas à randonner sur l'ancienne frontière !

Le tronçon de Bādálǐng de la Grande Muraille

À ne pas manquer

Musée de la Grande Muraille

Votre billet pour le tronçon de Bādálǐng vous donne accès au **musée de la Grande Muraille** (中国长城博物馆 ; Zhōngguó Chángchéng Bówùguǎn ; ⌚9h-16h mar-dim), qui présente l'histoire détaillée de la muraille, des remblais d'origine sous la lointaine dynastie Qin (221-206 av. J.-C.) aux remparts érigés à l'époque Ming tels qu'on les connaît de nos jours. La visite permet d'avoir un bon aperçu du caractère imposant et ambitieux de la muraille.

Sillonner la Muraille

La section de Bādálǐng date de la dynastie Ming (1368-1644), mais elle a fait l'objet d'une restauration majeure entre les années 1950 et 1980. Ce tronçon bien entretenu est par conséquent l'un des meilleurs endroits où arpenter la muraille. De l'entrée principale, on peut marcher vers l'est ou l'ouest un bon moment avant de rencontrer des parties non rénovées. N'oubliez pas que le monument est assez escarpé ; prévoyez des chaussures adaptées et emportez de l'eau.

Tours de guet

Les soldats qui gardaient ce qui était alors les frontières chinoises vivaient dans les impressionnantes tours de guet (碉楼, *diāolóu*) qui jalonnent la muraille. Ces fortifications n'avaient pas seulement un objectif défensif ; le système des tours de guet, qui émettait des signaux de fumée grâce aux crottes de loups utilisées comme combustible, permettait de transmettre des informations rapidement le long de la muraille, jusqu'à la capitale.

Chángchéng, 长城

à 70 km de Pékin

tarif plein/réduit 45/25 ¥

6h-19h en été, 7h-18h en hiver

▶ Les auberges de jeunesse et de nombreux hôtels de Pékin proposent des excursions à Bādálǐng, une formule commode.

▶ Le parc des ours ne présente aucun intérêt.

▶ Un DAB Bank of China se trouve près du parking ouest.

▶ Combinez votre escapade avec la visite des tombeaux des Ming (p. 114).

Parmi les nombreux restaurants sur place, le **Yonghe King** (永和大王, Yǒnghé Dàwáng ; plats 15-30 ¥ ; ⌚10h-21h ; 📋) sert des plats rapides (riz, raviolis ou nouilles).

GIANCARLO LIGUORI/SHUTTERSTOCK ©

Lion de pierre sur la voie des Esprits, tombeaux des Ming

La Muraille en hiver

Si vous visitez Pékin en hiver, sachez qu'il s'agit incontestablement de la meilleure période pour découvrir Bādálǐng. Presque déserts, les remparts enneigés sont des plus photogéniques. Pensez en revanche à bien vous couvrir. En raison de l'altitude et de l'exposition, Bādálǐng affiche des températures beaucoup plus froides que Pékin et le vent souffle de manière impitoyable.

Excursion agreste

Quitter la ville pour profiter du grand air de la campagne est l'un des plaisirs d'une escapade à la Grande Muraille. La beauté sauvage des paysages autour de Bādálǐng présente un contraste saisissant avec la capitale chinoise. Vous remarquerez que de nombreuses maisons des villages environnants ont été construites à l'aide de briques et de pierres arrachées à la muraille !

Tombeaux des Ming

Une excursion à Bādálǐng inclut généralement un détour par les **tombeaux des Ming** (十三陵 ; Shísān Líng ; Changchi Lu, Changping ; 昌平区昌赤路 ; visite complète 180 ¥, 35-65 ¥/site ; ⌚8h-17h30 ; 🚌872), situés à 20 km de la Grande Muraille. Cette nécropole impériale constitue la dernière demeure de treize des seize empereurs Ming. On rejoint les tombeaux par la **voie des Esprits** (神道, Shéndào ; 35 ¥), une route de 7 km bordée de statues en pierre d'animaux et de fonctionnaires à la cour.

Sīmǎtái

Si la section de Bādálǐng met en appétit, **Sīmǎtái** (司马台 ; 40 ¥, téléphérique 120 ¥ ; ⌚8h-17h ; 🚌980), à 110 km au nord-est de Pékin, constitue une expérience inoubliable. Érigé sous le règne de l'empereur Hongwu de l'époque Ming, ce tronçon de 19 km, émaillé de tours de guet, dévoile également un paysage époustouflant. Bien qu'il ait été partiellement restauré, il demeure très accidenté ; il est notamment ponctué de descentes vertigineuses et de montées très abruptes – frissons garantis !

Comprendre

La Grande Muraille

Serpentant sur 8 850 km à travers la Chine, de son extrémité occidentale à Lop Nor, dans le Xīnjiāng, à la frontière orientale avec la Corée du Nord, la Grande Muraille sillonnait quelque 17 provinces, principautés et régions autonomes. Sa destinée débuta il y a plus de 2 000 ans avec la jonction de murs disséminés le long des frontières septentrionales pour former un vaste rempart contre les incursions des nomades mongols.

Histoire

La Muraille a été édifiée au cours de quatre grandes vagues de construction. La réalisation du mur "d'origine" commença sous la dynastie Qin (221-206 av. J.-C.). Ce travail exigea la participation de centaines de milliers d'ouvriers et dix ans de dur labeur. On estime que 180 millions de mètres cubes de terre furent utilisés pour former le cœur de l'ouvrage, auxquels, selon la légende, s'ajoutèrent les corps des ouvriers morts à la tâche.

L'édification se poursuivit sous la dynastie Han (206 av. J.-C.-220), mais il fallut attendre près de 1 000 ans pour que, sous la menace de Gengis Khan, sa construction soit relancée par les Jin (1115-1234). C'est sous la dynastie Ming (1368-1644) que l'ouvrage acquit l'aspect qu'on lui connaît aujourd'hui. Des briques et des blocs de pierre beaucoup plus solides vinrent remplacer les remblais d'origine au cours de travaux qui durèrent plus d'un siècle.

Ironie du sort, alors qu'elle abritait environ un million de soldats, la Muraille ne réussit jamais à contenir les envahisseurs. Elle ne formait pas une structure continue et comportait inévitablement des failles. Les remparts n'empêchèrent pas Gengis Khan de s'emparer de Pékin en 1215, pas plus qu'ils n'arrêtèrent les Mandchous arrivés par le nord-est pour renverser la dynastie Ming en 1644.

Ruines et restauration

Avec la fin de la menace mongole, la Muraille n'avait guère plus d'utilité sous la dynastie Qing et fut laissée à l'abandon. Elle ne fut placée sous la protection des autorités qu'en 1984. Malgré des travaux de restauration de grande ampleur, des pans entiers ne sont plus aujourd'hui que décombres ou simples monticules de terre. Les tronçons proches de Pékin demeurent les seuls à évoquer le passé glorieux de la Muraille.

Pékin
selon ses envies

Les plus belles balades

Envie de...

Mur des Neufs Dragons (détail), parc Běihǎi (p. 60)

Les plus belles balades

Place Tiān'ānmén et quartier des Légations

Itinéraire

Au sud-est de la place Tiān'ānmén se niche l'ancien quartier des Légations étrangères. Ces paisibles rues ombragées sont bordées de bâtiments de style européen de la fin du XIXe siècle et du début du XXe siècle, qui abritaient autrefois les demeures et les bureaux de la petite communauté occidentale de Pékin. Découvrir le quartier à pied, havre de paix après la frénésie de Tiān'ānmén, donne l'occasion d'une agréable promenade.

Départ place Tiān'ānmén ; M Tiān'ānmén East

Arrivée Raffles Beijing Hotel ; M Wángfǔjǐng

Distance 1 heure ; 2 km

Une petite faim ?

Lost Heaven (p. 56) propose des plats tous plus séduisants les uns que les autres et un service attentionné.

IMAGE SOURCE/GETTY IMAGES ©

Mausolée de Mao Zedong, place Tiān'ānmén (p. 32)

❶ Place Tiān'ānmén

La **place Tiān'ānmén** (p. 30) est le cœur symbolique de la société chinoise contemporaine.

❷ Hôpital français

Quittez l'esplanade, traversez la rue et grimpez les 16 marches menant à Dongjiaomin Xiang, la "rue des Légations" (Legation St). Le bâtiment en brique rouge, au n°39, à côté du Tian'an Hotel, était occupé par l'hôpital français.

❸ Quartier des Légations

Un peu plus loin, au bout d'un passage voûté en brique grise sur votre droite, se tient l'ancien quartier des Légations. Après avoir abrité l'ambassade américaine jusqu'en 1949, avoir brièvement servi de lieu de résidence au dalaï-lama, ce quartier élégant accueille aujourd'hui des restaurants branchés.

❹ Musée de la police de Pékin

Plus loin sur votre droite, un bâtiment doté

d'imposantes colonnes néoclassiques, autrefois occupé par la First National City Bank of New York, renferme désormais l'intéressant et original **musée de la Police de Pékin**. (p. 41)

❺ Légation française

En poursuivant vers l'est, vous longez une bâtisse à coupole, à l'angle de Zhengyi Lu et de Dongjiaomin Xiang, où se tenait jadis la Yokohama Specie Bank. Vous pouvez déjeuner dans l'ancien bureau de poste français, qui abrite aujourd'hui un restaurant sichuanais, le Jìngyuán Chuāncài, puis continuer jusqu'à la légation française, dont vous verrez l'entrée au n°15 : une imposante porte rouge, gardée par deux lions de pierre et des agents de sécurité impassibles.

❻ Église Saint-Michel

Les deux flèches de cette église néogothique, qui accueille toujours des offices, se dressent au n°11, en face de l'ancienne légation belge au toit vert.

❼ Rue Hart

Continuez vers le nord par Taijichang Dajie ; guettez l'enseigne en brique sur laquelle est gravé l'antique nom de la rue (Hart) dans le mur nord de Taijichang Toutiao. C'est là que se trouvaient la légation austro-hongroise et le Peking Club, tout proche.

❽ Raffles Běijīng

À l'extrémité nord de Taijichang Dajie, le Raffles Běijīng Hotel a été aménagé dans un bâtiment de 1900.

Les plus belles balades

Cité interdite et hútòng de Dōngchéng

Itinéraire

Ce parcours parmi certains des *hútòng* les plus anciens et les plus importants de la capitale vous en apprendra autant qu'une visite au musée. Vous arpenterez le cœur du Pékin impérial et découvrirez des lieux fréquentés par le jeune Mao Zedong.

Départ Hóng Lóu ; M Tiān'ānmén West, puis bus 5

Arrivée porte du Midi ; M Tiān'ānmén East

Distance 5 km (2 heures 30)

Une petite faim ?

Régalez-vous de raviolis, cuits à l'eau ou à la vapeur, chez **Hángzhōu Xiǎochī** (p. 25), qui prépare aussi de bonnes soupes et des nouilles.

BRUCE YUANYUE BI/GETTY IMAGES ©

Douves de la Cité interdite (p. 24)

1 Hóng Lóu

Dirigez-vous vers les *hútòng* impériaux du **parc Jǐngshān** (p. 41) ; en chemin, vous longerez Hóng Lóu, au 29 Wusi Dajie, une bâtisse en brique rouge (1918), qui renfermait autrefois la bibliothèque et le département des Arts de l'université de Pékin. Dans sa jeunesse, Mao Zedong y officia en tant que bibliothécaire.

2 Maison de Mao Zedong

Tournez à droite dans Shatan Beijie, puis à gauche dans Songzhuyuan Xixiang. Prenez à droite, puis à gauche dans Sanyanjing Hútòng. Juste avant d'arriver au bout, tournez à droite dans Jiansuo Zuoxiang pour voir l'ancienne maison du Grand Timonier au n°8. Il vivait ici quand il travaillait à la bibliothèque.

3 Maison de l'eunuque impérial Li Lianyin

Au bout de la ruelle, tournez à gauche, puis prenez la 2e à droite et ensuite à gauche vers Huanghuamen Jie.

Au n°43 se tient l'ancienne maison à cour carrée de l'eunuque Li Lianyin, favori de l'impératrice douairière Cixi. À l'extrémité de la rue, tournez à droite puis à gauche, passez sous le porche et rejoignez Youqizuo Hútòng.

4 Mur oriental du parc Běihǎi

Obliquez à droite, une fois arrivé au bout de la rue à gauche, et encore à droite au niveau du n°46. Prenez ensuite à gauche, puis à droite, puis à gauche en arrivant au bout de la rue et de nouveau à gauche dans Gongjian Hútòng – vous suivez toujours ? Peu après, tournez à droite dans Gongjian 2 Hútòng, qui longe le mur est du parc Běihǎi en brique. (p. 60)

5 Douves de la Cité interdite

Vous débouchez enfin dans Jǐngshān Xijie. Descendez la rue jusqu'à l'entrée ouest du parc Jǐngshān, tournez à droite, puis passez sous l'arche située au bout du parking. Vous arrivez dans Dashizuo Hútòng, qui serpente jusqu'à Jǐngshān Qianjie. De là, vous apercevez les douves de la Cité interdite.

6 Porte du Midi

Suivez Beichang Jie et longez le **temple Fúyòu** (fermé au public). En face, au n°39, se trouve l'entrée du **temple Wànshòu Xīnglóng** (XVIIIe siècle), aujourd'hui désaffecté. Prenez à gauche au niveau de la porte ouest de la Cité interdite et longez les douves jusqu'à la porte du Midi.

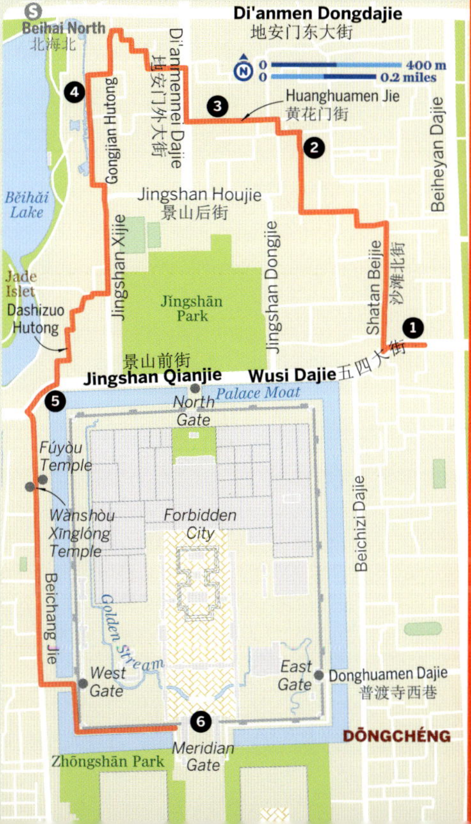

Les plus belles balades

Autour des lacs Hòuhǎi

Itinéraire

Cette promenade, tout en douceur et sur le plat, longe les lacs Hòuhǎi et traverse certains des *hútòng* voisins. Vous verrez des temples peu fréquentés, ainsi que deux des résidences princières les plus imposantes et les plus anciennes de la capitale.

Départ Yandai Xiejie ; M Shíchàhǎi

Arrivée Di'anmen Xidajie ; M Běihǎi North

Distance 3 heures ; 5 km

Une petite faim ?

Yangfang Hútòng est bordé de petits restaurants qui se prêtent à une pause déjeuner. Sinon, essayez **Lǐjì Fēngwèi Měishí Cāntīng** (p. 68), dans Ya'er Hútòng, pour déguster des raviolis et d'autres plats sur le pouce d'un très bon rapport qualité/prix.

RICHARD ROSS/GETTY IMAGES ©

Pont du Lingot d'argent

❶ Yandai Xiejie

Partez de Di'anmenwai Dajie, au bout de Yandai Xiejie, en prenant le temps d'observer les vendeurs de sceaux et d'objets tibétains en argent, et l'animation des bars et des cafés. Lorsque vous arrivez au bout de la rue, continuez tout droit et pénétrez dans Ya'er Hútòng.

❷ Temple Guǎnghuǎ

Vous atteignez le temple bouddhique Guǎnghuǎ, qui date de la lointaine dynastie Yuan. Au bout du *hútòng,* tournez à gauche dans une venelle qui débouche sur Houhai Beiyan. Prenez à droite, vous longerez presque aussitôt l'ancien **temple Dàzànglónghuá**, (1719), aujourd'hui une école maternelle.

❸ Ancienne résidence de Song Qingling

Continuez dans Houhai Beiyan, jusqu'à la maison où vécut Song Qingling, épouse de Sun Yat-sen qui fonda la république de Chine (1912), et accueilli aussi le père de Puyi, le dernier empereur. L'endroit abrite un charmant jardin, ainsi qu'un musée digne d'intérêt sur la vie de Mme Song.

4 Lac Xīhǎi

Prenez à gauche dans Hòuhǎi Xiyan, puis, après 200 m, tournez à droite dans une ruelle qui rejoint Deshengmennei Dajie. Traversez la rue et descendez la ruelle en face qui vous mènera au lac Xīhǎi, le plus petit des trois lacs de Hòuhǎi.

5 Résidence du prince Gong

Longez le lac dans le sens inverse des aiguilles d'une montre et regagnez Deshengmennei Dajie. Obliquez à droite et descendez la rue sur 200 m, tournez à gauche dans le **Yangfang Hútòng**, pour une pause café ou un déjeuner. Suivez le *hútòng* sur la droite et pénétrez dans Liuyin Jie, qui mène à la **résidence du prince Gong** (p. 49), la plus belle des maisons à cour carrée de Pékin.

6 Pont du Lingot d'argent

Prenez à gauche au bout de Liuyin Jie et continuez dans Qianhai Xijie jusqu'à Qianhai Beiyan, la rive ouest du lac Qiánhǎi. Longez l'eau jusqu'à ce que vous ayez rejoint le **pont du Lingot d'argent** (银锭桥 ; Yíndìng Qiáo).

7 Di'anmen Xidajie

Franchissez le pont et tournez aussitôt à droite. Continuez le long de la rive est de Qiánhǎi, en laissant le pont sur votre gauche, jusqu'à Di'anmen Xidajie.

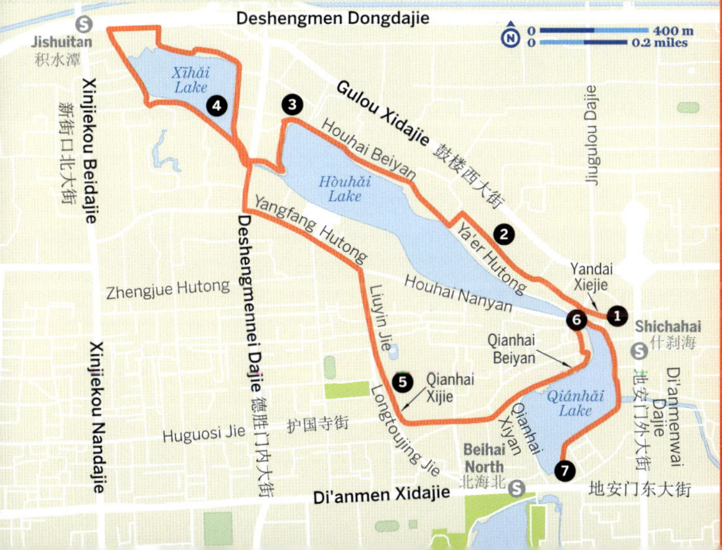

Envie de... Temples

Des temples sont disséminés dans tous les quartiers de la capitale. Chacun est unique en son genre et cela vaut la peine d'en visiter plusieurs. Une fois les portes franchies, l'agitation de la ville moderne cède la place à un monde intemporel qui baigne dans les volutes d'encens et où règne la solennité. Seuls s'affairent les moines au milieu des fidèles en prière.

CHRISTIAN KOBER/GETTY IMAGES ©

À savoir

- Les temples de la capitale sont ouverts au public. En revanche, demandez toujours la permission avant de photographier un moine ou des fidèles.

Agencement

Chaque école de pensée chinoise – bouddhisme, confucianisme, taoïsme – a son temple à Pékin. Quel que soit leur courant d'appartenance, les temples chinois reproduisent tous le schéma des maisons traditionnelles à cour carrée, construites selon un axe nord-sud conformément aux principes du feng shui. Les salles de prière occupent la cour du milieu, tandis que les moines habitent en général les bâtiments alentour.

Bouddhique, taoïste ou confucéen ?

Les différences entre les temples bouddhiques et taoïstes ne sautent pas toujours aux yeux, contrairement à l'apparence des moines. Les moines bouddhiques ont généralement le crâne rasé, alors que leurs homologues taoïstes portent les cheveux longs noués en chignon. Les temples confucéens renferment toujours une imposante statue de Confucius.

Quels temples visiter ?

L'immense temple du Ciel est le plus connu et le plus visité, mais ce sont le temple des Lamas et le temple taoïste du Nuage blanc qui attirent le plus de fidèles. Les édifices plus petits offrent une visite plus paisible. Le temple de Confucius dégage toutefois une remarquable sérénité, bien qu'il s'agisse du deuxième plus grand temple du pays dédié au célèbre philosophe.

Temple du Ciel (p. 52)

Ambiance historique

Temple du Ciel Merveilleux exemple de perfection architecturale, dont tous les éléments possèdent une signification symbolique. (p. 52)

Temple Fǎyuán Charmant sanctuaire du VIIe siècle, orné de belles statues restaurées. (p. 66)

Dagoba blanc du temple Miàoyīng Une pagode située au milieu des *hútòng* depuis la dynastie Yuan (1206-1368). (p. 66)

Temple du Nuage blanc Un remarquable temple taoïste, riche de plus de 1 200 ans d'histoire. (p. 66)

Temple des Nuages azurés Autre édifice de l'époque Yuan au nom évocateur. (p. 129)

Temple de Confucius Principal lieu d'enseignement sous l'ère impériale, ce sanctuaire possède une ambiance très solennelle. (p. 40)

Temple Zhìhuà Temple ravissant, peu visité et légèrement délabré, parfait pour se recueillir. (p. 95)

Temples tibétains

Temple des Lamas Le temple de Pékin le plus prisé par les bouddhistes. (p. 34)

Temple Wǔtǎ Édifice isolé et surprenant, dont l'architecture témoigne d'une influence indienne. (p. 106)

Temples insolites

Temple Dōngyuè Vous y observerez des esprits tourmentés qui se débattent dans une version taoïste des Enfers. (p. 81)

Temple Wànshòu Ce sanctuaire fut à la fois un lieu de conservation bouddhique, une caserne et une halte appréciée des empereurs. (p. 106)

Envie de... Parcs et espaces verts

Les parcs et les espaces verts de Pékin sont autant de refuges bienvenus dans une ville à l'architecture toujours plus chargée en verre et en acier. Les jardins particuliers étant rares dans cette capitale où dominent les appartements, les habitants aiment à profiter des parcs publics du lever au coucher du soleil. Ces lieux se prêtent idéalement à une pause au milieu d'une journée de shopping ou après la visite de palais et de temples.

Un patrimoine impérial à la portée symbolique

Un grand nombre des parcs de la capitale, comme Běihǎi et Jǐngshān, étaient autrefois des jardins impériaux ou accueillaient les empereurs lors de rituels annuels. Ils étaient de ce fait interdits au peuple pékinois. Aujourd'hui, les habitants y pratiquent à loisir le tai-chi ou s'y exercent au cerf-volant. Lieux de loisirs et de détente mais aussi de méditation, ces jardins paysagers de l'époque impériale constituaient un véritable art dans la Chine ancienne. Ils devaient combiner plusieurs éléments (plantes, rochers, eau et pavillons...) qui, ensemble, dégageaient une harmonie, l'équilibre parfait entre le yin et le yang.

Pour une promenade

Parc des collines parfumées Les plus belles randonnées de la capitale s'effectuent à la lisière nord-ouest de la ville. (p. 129)

Ancien palais d'Été Une fois franchi les vestiges du palais (à ne pas confondre avec le palais d'Été), vous découvrirez un vaste parc. (p. 107)

Spécial loisirs

Parc Běihǎi Participez aux danses collectives, détendez-vous avec quelques mouvements de tai-chi ou canotez tranquillement à bord d'une barque. (p. 60)

Hòuhǎi Espace de loisirs en journée et centre de la vie nocturne le soir venu. (p. 69)

Parcs historiques

Parc du temple du Ciel Merveilleux espace vert ombragé, bordé de cyprès noueux. (p. 52)

Parc Rìtán Ancien temple dédié au soleil et remarquable exemple de jardins paysagers. (p. 95)

Parc Jǐngshān Le seul endroit du centre de la capitale où se dresse une colline. (p. 41)

Envie de... Musées et galeries d'art

De grands progrès ont été faits dans les musées pékinois ces dernières années afin d'accompagner l'émergence de la ville en tant que véritable métropole mondiale. Pékin peut désormais s'enorgueillir d'être l'une des villes les plus dynamiques de la planète en matière d'art contemporain. Il existe des musées de toutes sortes, de l'architecture au bois de santal, éparpillés dans la capitale.

Musées modernisés

Autrefois synonymes d'explications en "chinglish", voire inexistantes, de personnel maussade et d'atmosphère soporifique, les musées de Pékin ont subi une rénovation complète pour les Jeux olympiques de 2008. Quelques-uns, à l'instar du remarquable musée de la Capitale, rivalisent désormais avec les meilleurs musées occidentaux. Certains, comme le Poly Art, sont l'occasion d'une visite intéressante grâce à des expositions de qualité.

Collections majeures

Musée de la Capitale
Le plus beau musée de Pékin est aussi un bon complément à une visite de la capitale. (p. 66)

Poly Art Museum
Remarquables bronzes et autres statues datant de milliers d'années. (p. 40)

Musée national de Chine Superbe collection d'antiquités et de sculptures. (p. 31)

Salle des Horloges à la Cité interdite
Collection d'horloges réunie par les empereurs Qing. (p. 26)

Galeries d'art

Red Gate Gallery
Première galerie de Pékin consacrée à l'art contemporain et toujours l'une des meilleures. (p. 55)

MAREMAGNUM/GETTY IMAGES ©

À savoir

- Sachez que de nombreux musées et la plupart des galeries d'art du **798 Art District** (p. 76) sont fermés le lundi.

UCCA Ce centre culturel donne le ton et renferme quatre vastes espaces d'exposition. (p. 77)

Musées insolites

Musée de la Police de Pékin Découvrez les quartiers malfamés du Pékin d'hier et d'aujourd'hui à travers les yeux de la police locale. (p. 41)

Musée militaire Épées, missiles sol-air, avions et grandes batailles du pays. (p. 106)

Envie de... Pékin impérial

En découvrant certains aspects de Pékin, comme le quartier des affaires, émaillé de centres commerciaux et de gratte-ciel, ou le secteur branché de Sānlǐtún, on oublierait presque son autre visage : celui d'une cité impériale. En dépit des évolutions subies ces soixante dernières années, le Pékin contemporain a conservé un lien étroit avec son passé, celui d'une cité d'empereurs, de mandarins et de concubines, construite de maisons à cour carrée, de *hútòng* et de palais.

Origines

Au début du XVe siècle, Yongle, empereur Ming, transforma Pékin, l'ancienne capitale mongole, en cité impériale. Il fit édifier la Cité interdite et les remparts de la ville, et rénover les *hútòng*. À la chute des Ming en 1644, Pékin, avec plus de 2 000 temples, était devenue une ville parmi les plus importantes et les plus influentes d'Asie. Les guerriers mandchous qui fondèrent la dynastie Qing continuèrent d'améliorer sa physionomie en érigeant le mur d'enceinte qui séparait leur cité impériale tatare de la ville chinoise qui s'étirait au-delà.

Les hútòng

Les *hútòng* sont apparus à Pékin sous la dynastie Yuan (1271-1368), lorsque la cité était sous domination mongole ; le terme "hútòng" viendrait d'un mot mongol désignant une ruelle. Les *hútòng* se sont multipliés sous les Ming et les Qing, jusqu'à ce que la capitale en compte quelque 6 000. Leur nombre a fortement diminué au cours des dernières années, lorsque de vastes zones de *hútòng* ont été rasées pour bâtir des immeubles d'habitation, des bureaux et des routes. Pékin n'en compterait plus aujourd'hui qu'un à deux milliers.

CHRISTIAN KOBER/GETTY IMAGES ©

Palais et résidences royales

Cité interdite Incontournable. (p. 24)

Palais d'Été Villégiature des Qing et quintessence du palais-jardin paysager. (p. 100)

Temple des Lamas Ancienne demeure d'un prince devenu empereur. (p. 34)

Résidence du prince Gong Un domaine si séduisant que le fils cadet de l'empereur Qianlong s'en empara après avoir fait exécuter le propriétaire. (p. 49)

Ancienne résidence de Song Qingling Le père de Puyi, le dernier empereur, y vécut. (p. 122)

Ancien palais d'Été Vestiges d'un site impérial autrefois splendide. (p. 107)

Temple de Confucius et collège impérial (p. 40)

Hútòng historiques

Nanluogu Xiang
Un *hútòng* vieux de huit siècles jalonné de bars, de cafés et de restaurants. (p. 44)

Guozijian Jie *Hútòng* du temple de Confucius, qui se prête à une pause café. (p. 44)

Mao'er Hútòng
Longtemps prisé des hauts fonctionnaires ; c'est ici que grandit Wan Rong, dernière impératrice de Chine. (p. 44)

Zhonglouwan Hútòng
De nombreux eunuques de la cour se retiraient là, près de la tour de la Cloche. (p. 44)

Dashilar Ancienne rue commerçante. (p. 62)

Dazhalan Xijie Centre du quartier des prostituées. (p. 44)

Leo Courtyard Cette belle demeure à cour carrée était jadis la maison close la plus chic de Pékin. (p. 63)

Jiansuo Zuoxiang Mao Zedong vécut dans cette rue avant de prendre la tête du pays. (p. 120)

Temples impériaux

Temple du Ciel Les empereurs s'y rendaient deux fois par jour pour prier pour leurs sujets. (p. 52)

Temple de Confucius
Où les mandarins étudiaient les classiques. (p. 40)

Temple Wànshòu
Endroit apprécié des empereurs pour prendre le thé. (p. 106)

Vaut le détour

Ancien domaine de chasse impériale, le **parc des Collines parfumées** (香山公园, Xiāng Shān Gōngyuán ; été/hiver 10/5 ¥, billet complet 15 ¥ ; 6h-19h ; M Xiyuan ou Yuanmingyuan, puis bus 331) est l'un des lieux d'évasion préférés des Pékinois. Ce parc est magnifique à l'automne lorsque les érables sont couverts de feuilles rougeoyantes. Près de l'entrée nord se dresse le charmant **temple des Nuages azurés** (碧云寺, Bìyún Sì ; 10 ¥ ; 8h-16h30), l'un des plus vieux sanctuaires de la ville.

Envie de... Architecture moderne

Peu de métropoles au monde peuvent s'enorgueillir d'une telle diversité architecturale – en marchant quelques minutes, on remarque des constructions témoignant de plus de six siècles d'histoire. La physionomie moderne de Pékin, de ses édifices réalistes socialistes des années 1950 aux audacieux buildings ultracontemporains, ravira tous les amateurs d'architecture.

Après 1949

Après l'avènement en 1949 du Parti communiste chinois, le réalisme socialiste inspiré des architectures soviétiques a le vent en poupe. Les grands bâtiments encadrant la place Tiān'ānmén constituent l'archétype de ce style architectural.

Les années 1990 et au-delà

Au cours des dernières décennies, les urbanistes inspirés par les réalisations occidentales ont approuvé des projets particulièrement innovants, comme la tour CCTV – édifice avant-gardiste en forme d'arche.

Architecture réaliste socialiste

Palais de l'Assemblée du peuple Un mastodonte qui date de 1959, époque où l'architecture de la République populaire de Chine s'inspirait du réalisme socialiste mis en œuvre en Union soviétique. (p. 32)

Musée national de Chine Ce monument à la gloire du Parti communiste s'étire, austère, sur une grande partie du côté oriental de la place Tiān'ānmén. (p. 31)

CHRIS LEE/500PX ©

Les plus controversés

Tour CCTV Impossible de rater l'immense arche qui semble défier les lois de la gravité au-dessus du quartier des affaires. (p. 95)

Centre national des arts du spectacle Ce gigantesque dôme réfléchissant, conçu par le Français Paul Andreu, semble jaillir de terre. Il a suscité une vive polémique chez les Pékinois. (p. 70)

Stade national de Pékin Construit pour les Jeux olympiques de 2008, ce vaste stade du nord de la capitale est surnommé le "nid d'oiseau" en raison de son architecture savamment entremêlée.

Envie de... Marchés

Les marchés de Pékin vendent de tout, des gadgets électroniques aux accessoires pour la maison, en passant par les vêtements et les bijoux. L'expérience est toujours plaisante, même s'il faut déployer de grands talents de négociateur face à des vendeurs retors.

Savoir-faire

Sur les marchés, marchander n'est pas seulement conseillé : il s'agit d'une pratique attendue. Il faut négocier ferme tout en restant courtois – les négociants pensent que les étrangers ont le portefeuille bien garni. L'objectif n'est pas d'escroquer le vendeur mais de convenir d'un prix acceptable par les deux parties. Garder le sourire ne nuit jamais.

Vêtements

Marché aux vêtements de Sānlĭtún Yashow Ceintures, chaussures, vestes, jeans et T-shirts. (p. 87)

Marché de la Soie Une institution de la capitale, aux vendeurs aguerris. (p. 92)

Antiquités, objets d'art et artisanat

Marché aux puces de Pānjiāyuán Ambiance sympathique, qui se prête à la quête de l'objet rare. (p. 90)

Shard Box Store Ravissantes boîtes en tessons de porcelaine de l'époque Qing. (p. 93)

Informatique et électronique

Centergate Como Sept étages de gadgets à prix très avantageux. (p. 111)

Bǎinǎohuì Computer Mall On y déniche de tout, des consoles de jeux aux logiciels. (p. 87)

TIM DRAPER/GETTY IMAGES ©

À savoir

- La règle générale sur les marchés de Pékin consiste à ne pas payer plus de la moitié du prix de départ. Si le vendeur reste intraitable, il suffit souvent de s'en aller pour faire baisser le montant.

Lèche-vitrines

Marché aux perles Hóngqiáo Des perles, du jade, des bijoux, mais aussi des vêtements et de l'électronique. (p. 57)

Marché de thé de Mǎliándào Du thé en provenance de toute la Chine. Services en porcelaine bon marché non loin. (p. 73)

Envie de... Shopping

Le shopping est l'un des plaisirs qu'offre Pékin. Si les prix ne sont plus aussi intéressants qu'auparavant, on peut encore faire de bonnes affaires pour les objets d'art, le parchemin, les soieries, les bijoux, le jade et les vêtements.

Points de départ

Essayez Nanluogu Xiang (p. 44) si vous souhaitez dénicher des souvenirs originaux. Les centres commerciaux les plus tendance et les plus chics se situent dans le nord et le sud de Cháoyáng. Dans Liulichang Xijie et Liulichang Dongjie, vous pourrez acheter de l'encre, des peintures et des parchemins ; c'est aussi un bon endroit pour se faire fabriquer un tampon ou un sceau. Le secteur voisin de Dashilar compte certains des plus anciens magasins de Pékin.

Souvenirs

Shard Box Store Boîtes et bijoux. (p. 93)

Three Stone Kite Shop Cerfs-volants, jadis fabriqués pour les empereurs. (p. 72)

Yuèhǎixuān Musical Instrument Store Instruments chinois faits à la main. (p. 72)

Xián Yàn Tāng Figurines traditionnelles du théâtre d'ombres. (p. 73)

Plastered 8 T-shirts amusants sur Pékin. (p. 47)

Róngbǎozhāi Calligraphies et peintures sur rouleau. (p. 73)

Thé

Marché au thé de Mǎliándào Thé et services à thé. (p. 73)

Famous Tea of China Une conviviale affaire de famille. (p. 47)

Centres commerciaux

Sānlǐtún Village Le plus tendance. (p. 87)

The Place Bel espace extérieur et marques de milieu de gamme. (p. 93)

China World Shopping Mall Grands noms de la mode et bijoux. (p. 93)

LANE OATEY/BLUE JEAN IMAGES/GETTY IMAGES ©

À savoir

- Méfiez-vous des "antiquités" : il est interdit de sortir du pays tout objet fabriqué avant 1795 sans autorisation. Et gare aux nombreuses contrefaçons !
- Les centres commerciaux haut de gamme et les boutiques acceptent les cartes bancaires. Sinon, les espèces sont reines.
- La plupart des commerces ouvrent de 9h à 21h (ou plus).

Envie de...
Circuits organisés

Bike Běijīng (康多自行车租赁, Kāngduō Zìxíngchē Zūlìn ; plan p. 38 ; ☎ 010 6526 5857 ; www.bikebeijing.com ; 81 Beiheyan Dajie ; 北河沿大街81号 ; ⏲ 9h-18h ; Ⓜ China Museum of Art) loue différents types de vélos de qualité, notamment des VTT (200 ¥), des vélos de route (400 ¥) et des vélos de ville ordinaires (100 ¥), et organise des circuits guidés à vélo à travers la ville (demi-journée à partir de 300 ¥/personne) et au-delà, y compris des excursions jusqu'à la Grande Muraille (900-1 800 ¥/personne).

Great Wall Hiking (www.greatwallhiking.com). Agence locale proposant des randonnées.

The Hútòng (☎ 159 0104 6127 ; www.theHútòng.com ; 1 Jiudaowan Zhongxiang Hútòng, près de Shique Hútòng, 北新桥石雀胡同九道弯中巷胡同1号 ; ⏲ 9h-21h ; Ⓜ Beixinqiao). Caché dans un dédale de ruelles, ce centre culturel bien tenu organise plusieurs cours et excursions, avec pour spécialité la cuisine asiatique.

China Culture Center (Kent Center ; ☎ semaine 010 6432 9341, week-end 010 6432 0141 ; www.chinaculturecenter.org ; Victoria Gardens D4, Cháoyáng Gongyuan Xilu ; 朝阳公园西路, 维多利亚花园D4 ; Ⓜ Liangmaqiao). Cet organisme propose toute une gamme d'activités culturelles en anglais destinées aux visiteurs étrangers et aux expatriés, ainsi que de populaires circuits à Pékin et des excursions dans d'autres régions de Chine.

Jīnsè Fēilún Bike Shop (金色飞轮自行车商行 ; Jīnsè Fēilún Zìxíngchē Shānghháng ; 35 Gulou Dongdajie ; 鼓楼东大街35号 ; ⏲ 8h-22h). Cette petite boutique loue des vélos ordinaires (30 ¥ la journée) et des scooters électriques (60 ¥). Ni anglophones, ni panneaux en anglais.

☑ À savoir

- Presque toutes les auberges de jeunesse organisent des visites de Pékin et de ses environs à destination des visiteurs occidentaux. Il s'agit souvent aussi de la meilleure façon de découvrir la Grande Muraille.

Envie de... Cuisine

Les repas sont un temps fort en Chine et manger à l'extérieur constitue l'activité sociale favorite des Pékinois. Avec plus de 60 000 restaurants et des milliers de stands de rue, les habitants et les visiteurs ont l'embarras du choix. Les restaurants servent des recettes des quatre coins du pays et on peut ainsi effectuer un parcours gastronomique de la Chine sans quitter Pékin.

Gastronomie pékinoise

La cuisine chinoise compte quatre grandes écoles correspondant aux quatre points cardinaux. Celle de Pékin appartient à la cuisine du Nord qui fait grand usage de blé et de millet, ce qui explique la popularité des nouilles et des raviolis vapeur. Le canard laqué est la spécialité phare de la capitale. Les Pékinois apprécient cependant tout autant la fondue chinoise, originaire de Mongolie, et la cuisine de rue locale, soit tout ce qui peut se préparer aisément au bord de la route et s'enfiler sur une brochette. La cuisine du Sìchuān (de l'Ouest) est très répandue à Pékin, qui compte aussi des restaurants moins courants préparant des mets de provinces lointaines.

Au restaurant

En Chine, les repas sont bruyants et animés. Les Pékinois aiment les grandes tablées et c'est au moment du repas qu'ils sont les plus détendus et sociables. Ils jugent un restaurant au contenu de l'assiette et à la compagnie. Traditionnellement, les convives commandent une sélection de plats chauds et froids, composés de viande, de poisson et de légumes. La plupart des plats sont destinés à être partagés, chacun piochant avec ses baguettes. Pas d'inquiétude si vous faites tomber de la nourriture, vous ne serez pas le seul.

MARK READ/LONELY PLANET ©

Canard laqué

Lìqún Roast Duck Restaurant Plats exquis servis dans une maison à cour carrée. (p. 55)

Duck de Chine Le canard façon gastronomie française. (p. 82)

Qiánmén Quánjùdé Roast Duck Restaurant Le restaurant de canard laqué le plus connu de Pékin et l'un des meilleurs. (p. 56)

Jīngzūn Peking Duck Bon rapport qualité/prix, terrasse en été. (p. 83)

Biànyífāng Installé de longue date et peu connu. (p. 56)

Purement pékinois

Nàjiā Xiǎoguǎn Plats inspirés d'un livre de recettes impériales. (p. 95)

Qiánmén Quánjùdé Roast Duck Restaurant (p. 56)

Hóng Lú Cuisine authentique dans un cadre agréable. (p. 83)

Zuǒ Lín Yòu Shè Plats savoureux à prix doux. (p. 43)

Spécial raviolis

Dūyīchù Bouchées de crevettes préparées avec soin. (p. 56)

Din Tai Fung Cuisine de qualité dans un cadre agréable. (p. 96)

Bǎoyuán Dumpling Restaurant Raviolis multicolores ! (p. 83)

Gǒubùlǐ Un choix inégalé de mets vapeur. (p. 67)

Cuisine internationale

Capital M Cuisine de haut vol aux accents méditerranéens. (p. 56)

Carmen Un bar à tapas bruyant et animé. (p. 83)

Desert Rose La meilleure cuisine d'Asie centrale de Pékin. (p. 96)

Vineyard Café Cuisine occidentale réconfortante et ambiance décontractée. (p. 43)

Le Petit Saigon Élégant bistrot mêlant spécialités françaises et vietnamiennes. (p. 67)

Restaurants des hútòng

Dàlǐ Courtyard Cadre romantique à souhait et plats concoctés chaque jour par le chef. (p. 42)

Huā Tàn Huā Lamb BBQ Faites griller vous-même votre gigot d'agneau dans cet établissement animé. (p. 43)

Bǎihé Vegetarian Restaurant Plats végétariens délicieux dans un cadre apaisant. (p. 42)

Source Restaurant à cour carrée, sympathique et chic, avec une cuisine du Sìchuān peu relevée. (p. 43)

Cuisine régionale

In & Out Les traditions culinaires des minorités ethniques du Sud-Ouest dans un cadre chic. (p. 82)

Golden Peacock Authentique restaurant dai, où l'Asie du Sud-Est côtoie la Chine. (p. 110)

Jīn Dǐng Xuān *Dim sum* et desserts cantonais servis 24h/24 et 7 jours/7. (p. 44)

Envie de... Bars et discothèques

Si étonnant que cela puisse paraître, Pékin ne comptait il y a vingt ans aucun bar, hormis dans quelques hôtels pour étrangers, ni aucune discothèque. Aujourd'hui, leur nombre a explosé et vous n'aurez que l'embarras du choix pour siroter un cocktail sophistiqué dans un cadre raffiné, commander des pintes au bar branché d'un *hútòng* ou passer une partie de la nuit sur les pistes de danse.

L'embarras du choix

Sānlǐtún, dans le nord de Cháoyáng, demeure le cœur battant de la vie nocturne, surtout pour les bars à cocktail et les boîtes, mais les *hútòng* du nord de Dōngchéng comptent désormais de nombreux cafés et bars à l'ambiance décontractée. Nanluogu Xiang et les ruelles autour de Gulou Dongdajie sont aussi bien pourvues.

Dans le sud de Cháoyáng, des établissements très élégants drainent la clientèle du quartier des affaires, tandis qu'à Wǔdàokǒu, quartier estudiantin de Hǎidiàn, les cafés animés de Chengfu Lu et alentour ne désemplissent pas. Pour connaître les dernières adresses en vue, feuilletez les magazines culturels anglophones gratuits.

Pratiques nouvelles

Les Chinois aiment passer leur soirée au karaoké ou partager une bière à 4 ¥ et grignoter dans la rue plutôt que de débourser 60 ¥ pour un cocktail. Mais cela change peu à peu avec la hausse des salaires et l'occidentalisation des jeunes générations. Les établissements autour des lacs de Hòuhǎi sont prisés en été, tandis que les Pékinois fréquentent de plus en plus les bars et les clubs de Sānlǐtún.

LANE OATEY/BLUE JEAN IMAGES/GETTY IMAGES ©

Bars à cocktails

Apothecary C'est ici qu'officient les meilleurs barmen. (p. 84)

Migas Bar Un bar populaire à juste titre. Le toit-terrasse est pris d'assaut en été. (p. 84)

Janes and Hooch Mêlez-vous à la foule qui envahit chaque soir l'endroit. (p. 78)

Revolution Décor en hommage à Mao et vaste choix de cocktails et de whiskies. (p. 84)

d. Lounge Cadre industriel en vogue, boissons soignées mais personnel parfois hautain. (p. 85)

Bars des hútòng

Mao Mao Chong Bar décontracté, cocktails savamment

La scène nocturne de Hòuhǎi (p. 68)

dosés, bon choix de bières et de pizzas. (p. 45)

El Nido L'un des bars du moment avec un immense choix de breuvages ; agréable les soirs d'été lorsqu'on peut s'installer en extérieur. (p. 45)

Modernista Établissement branché avec concerts et projections de films. (p. 46)

Ball House Un bar bien caché, comptant parmi les plus insolites de la capitale. (p. 46)

Great Leap Brewing La première micro-brasserie de Pékin a pris ses quartiers dans une maison sur cour joliment restaurée. (p. 47)

Bars à part

Parlor Atmosphère de bar clandestin des années 1920, réservé aux initiés. (p. 79)

Xiù Un bar élégant fréquenté par une clientèle pimpante qui profite de la superbe vue depuis la terrasse. (p. 97)

Mesh "Gay-friendly" le jeudi ; fréquenté par le gratin de la ville les autres soirs. (p. 79)

Cafés

Stone Boat Café tranquille en journée, bar branché le soir, parfait pour une pause en journée. (p. 95)

Bookworm Pilier de la vie culturelle pékinoise, à mi-chemin du café et de la bibliothèque. (p. 85)

Lush Toujours l'épicentre de la vie estudiantine à Wǔdàokǒu. Ouvert 24h/24. (p. 110)

Clubs

Spark Le club du moment, qui reçoit parfois des DJ étrangers. (p. 97)

Lantern Accueille la crème des DJ locaux, avec un panorama musical plus éclectique qu'ailleurs. (p. 79)

Destination La seule boîte gay officielle de Pékin, en permanence prise d'assaut. (p. 86)

Chocolate Une clientèle disparate vient danser jusqu'au bout de la nuit dans cette discothèque russe. (p. 96)

Envie de... Spectacles

En matière de spectacles, le choix ne manque pas à Pékin. On peut non seulement assister à des représentations des arts traditionnels chinois toujours florissants – comme l'opéra de Pékin et les acrobaties –, mais aussi à un nombre croissant de concerts d'artistes locaux ou étrangers.

Acrobaties

Les troupes acrobatiques pékinoises comptent parmi les meilleures du pays. Voir de jeunes contorsionnistes se tordre dans tous les sens en faisant tournoyer des assiettes sur de longs bâtons ou en se balançant sur des barres constitue une expérience unique. Des numéros de jonglage ou de marche avec des échasses étaient déjà mentionnés pendant la période des Royaumes combattants (environ 475-221 av. J.-C.).

Aujourd'hui, les acrobates chinois professionnels suivent le même entraînement rigoureux que les futurs dieux du stade. Dès l'âge de cinq ou six ans, les enfants doués intègrent les écoles des troupes d'acrobates. À l'instar des sportifs, leur carrière est de courte durée, les acrobates prenant leur retraite à la trentaine.

Acrobaties et opéra de Pékin

Théâtre de spectacles d'acrobatie Tiānqiáo Sans doute les meilleurs spectacles de la ville, dans un théâtre plus que centenaire. (p. 70)

Húguǎng Guild Hall Superbe lieu historique où l'on peut assister à un opéra traditionnel. (p. 70)

Théâtre universel (théâtre du Ciel et de la Terre) Théâtre de la troupe nationale chinoise d'acrobatie. (p. 86)

Théâtre Cháoyáng Spectacles quotidiens d'acrobatie et, plus rarement, représentations d'opéra. (p. 86)

Concerts

Yúgōng Yíshān Groupes d'artistes et DJ chinois ou étrangers renommés se produisent dans cette excellente salle. (p. 47)

East Shore Jazz Café L'endroit parfait pour écouter du jazz à Pékin. (p. 71)

Centre national des arts du spectacle Concerts de musique classique, ballets, opéras et théâtre. (p. 70)

Envie de... Pékin avec des enfants

Parc aquatique Happy Magic (Olympic Green, près de Beichen Lu, 北辰路奥林匹克公园内 ; M Olympic Green). Contrairement à la plupart des sites olympiques de 2008, le centre national de natation de Pékin – ou Water Cube – a entamé une seconde vie après les Jeux olympiques. Ce bâtiment qui semble couvert de bulles abrite désormais le plus grand parc aquatique couvert de Pékin. Les enfants raffolent de ses toboggans éclairés au néon, ses tunnels, ses jets d'eau et ses bassins au design élaboré évoquant un fond marin surnaturel.

Théâtre de marionnettes de Chine (angle d'Anhua Xili et North 3rd Ring Rd, 北三环中路安华西里 ; M Anhuaqiao). Théâtre d'ombres, marionnettes, musique et spectacles de danse sont organisés ici le week-end. Deux théâtres sur place : le grand (大剧场 ; dà jùchǎng ; billets 180-380 ¥, spectacles à 10h30 et 14h30) accueille les concerts et la danse, les spectacles de marionnettes ont lieu dans le petit (小剧场 ; xiǎo jùchǎng ; billets 100 ¥, spectacles à 10h, 11h, 12h, 13h30 et 14h30). Aucun spectacle en anglais.

Jīngchéng Bǎixìng (44 Guozijian Jie ; 国子监街44号 ; M Yonghegong Lama Temple ou Andingmen). Cette petite boutique de l'historique Guozijian Jie vend de jolies figurines peintes en argile, jolis souvenirs abordables. Possibilité pour les clients de s'installer pour peindre, voire modeler, leurs propres figurines, pour le grand bonheur des enfants (et des adultes).

Muséum d'histoire naturelle de Pékin (126 Tianqiao Nandajie ; 10 ¥ ; M Qiánmén ou Tiantandongme). Dans l'entrée de ce pompeux musée tapissé de plantes trônent des portraits de naturalistes, comme Darwin et Carl von Linné. La collection comprend des fossiles et squelettes de dinosaures, notamment celui d'un *Mamenchisaurus jingyanensis* (grand sauropode qui peuplait jadis la Chine) et des insectes, un aquarium où nagent des poissons-clowns et une exposition sur les origines de la vie sur Terre.

ANDREA PISTOLESI/GETTY IMAGES ©

À savoir

- Les supermarchés vendent des couches, des biberons et du lait en poudre.
- Les enfants paient en général moitié prix dans les sites touristiques. Les petits de moins de 1,20 m y entrent librement et voyagent gratuitement dans les transports publics.

Envie de... Pékin gratuit

En cherchant un peu, le visiteur s'aperçoit vite que la capitale compense l'absence de gratuité ou de tarifs réduits dans la plupart de ses sites par de nombreuses activités à pratiquer et de lieux à admirer sans bourse délier.

Art et patrimoine

798 Art District Les galeries d'art sont libres d'accès. (p. 76)

Place Tiān'ānmén Arpentez la place avec la foule ; assistez à la levée ou à la descente du drapeau à l'aube ou au crépuscule. (p. 30)

Mausolée de Mao Zedong Il ne coûte pas un máo de venir saluer la dépouille embaumée du Grand Timonier. (p. 32)

Quartier des Légations étrangères Profitez d'une promenade dans ce quartier aux imposantes bâtisses d'architecture européenne. (p. 118)

Parc des ruines de l'enceinte Ming Unique tronçon restant du mur d'enceinte de Pékin. (p. 55)

Temple Wǔtǎ Entrée libre le mercredi pour les deux cents premiers visiteurs. (p. 106)

Musées

Musée de la Capitale Le meilleur musée de la capitale est gratuit. (p. 66)

Musée national de Chine Une plongée dans 5 000 ans d'histoire chinoise. (p. 31)

Activités

Hòuhǎi Faites comme les Pékinois : promenez-vous au bord des lacs ou jouez au ping-pong. (p. 69)

Hútòng Arpentez ces innombrables venelles qui s'enchevêtrent dans le centre de Pékin. (p. 120)

ALEX LINGHORN/GETTY IMAGES ©

À savoir

- Pour pénétrer dans les musées et les sites gratuits, vous devrez montrer votre passeport.
- De nombreux parcs n'exigent qu'un droit d'entrée modique de 2 ¥.

Parcs

Parc Jǐngshān Grimpez sur la colline et admirez la Cité interdite. (p. 41)

Parc Rìtán Havre de paix au cœur du trépidant quartier des affaires. (p. 95)

Carnet pratique

Carnet pratique

Avant de partir

Quand partir

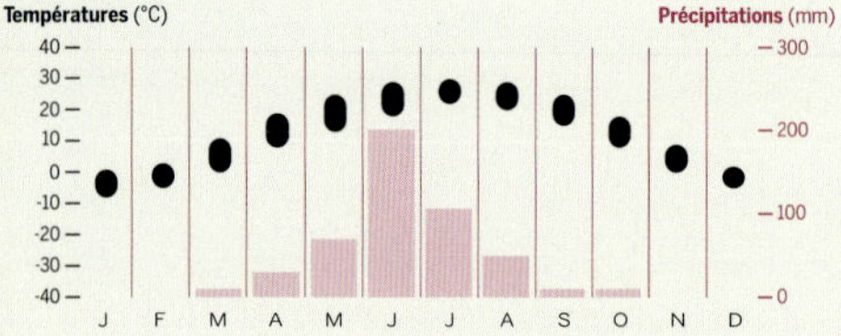

Hiver (nov-mars) Températures glaciales, avec parfois de la neige. Forte pollution atmosphérique. Peu de touristes : la visite des sites est plus agréable.

Printemps (avril-mai) Le court printemps est plaisant, mais l'affluence touristique augmente.

Été (juin-août) Très chaud et humide. Hôtels et sites bondés.

Automne (sept-oct) Ciel dégagé, climat très plaisant. Les touristes chinois affluent la 1re semaine d'octobre.

Hébergement

☑ **À savoir** Durant les trois principales périodes de vacances, le prix des hôtels grimpe en flèche et les chambres se font rares. Pensez à réserver.

- Le nord de Dōngchéng est le quartier le plus pratique pour les touristes, mais Xīchéng et le nord de Cháoyáng sont également appréciés.
- Pour une ambiance typique, choisissez les hôtels à cour carrée, souvent situés dans des hútòng traditionnels.
- De plus en plus de chaînes hôtelières louent des chambres quelconques, mais plus propres et plus modernes que beaucoup de deux et trois-étoiles à l'ancienne.
- Dans les auberges de jeunesse, le personnel maîtrise bien l'anglais (plus rarement le français) ; les informations et les excursions proposées sont meilleures qu'ailleurs.

→ En dehors de la haute saison, les prix peuvent baisser de 50%. N'hésitez pas à demander une réduction.

Sites web pour réserver son hébergement

→ **Lonely Planet** (www.lonelyplanet.fr/destinations/asie/chine/pekin) Conseils des auteurs et réservation en ligne.

→ **Ctrip** (fr.ctrip.com, version française). Bonnes réductions sur les réservations d'hôtels en Chine (mais aussi des formules hébergement et vol, ou simplement vols secs).

→ **China Homestay** (www.chinahomestay.org). Chambres chez l'habitant.

Catégorie petits budgets

→ **Red Lantern House West Yard** (www.redlanternhouse.com) Chambres accueillantes disposées autour de la cour d'un hútòng.

→ **Qiánmén Hostel** (www.qianmenhostel.net) Une auberge de jeunesse ancienne située dans un cadre relaxant.

→ **Nostalgia Hotel** (www.sgmbhotel.com). Une adresse économique, au cœur de l'animation de Fangjia Hútòng.

→ **Three-Legged Frog Hostel** (www.threeleggedfroghostel.com) Son nom reste mystérieux, mais ses chambres commodes et propres sont disposées autour d'une cour pleine de charme.

→ **Feel Inn** (☎010 6528 7418). Une petite auberge sobre et propre, à proximité de plusieurs monuments.

Catégorie moyenne

→ **The Orchid** (www.theorchidbeijing.com) Chambres doubles décorées avec goût donnant sur une cour paisible.

→ **Jǐngshān Garden Hotel** (www.jingshangardenhotel.com). Pension tranquille avec chambres spacieuses et vue sur le parc Jǐngshān.

→ **Graceland Yard** (www.graceland-yardhotel.com). Un hôtel élégant installé dans l'enceinte d'un temple abandonné vieux de cinq siècles.

→ **City Walls Courtyard** (www.beijingcitywalls.com). Paisible et fabuleux, en retrait dans un *hútòng*.

→ **DùGé** (www.dugecourtyard.com) Magnifique hôtel à cour carrée au design recherché.

Catégorie supérieure

→ **St Regis** (www.stregis.com/beijing) Un choix merveilleux en tout point et aux restaurants de grande qualité.

→ **Temple Hotel** (www.thetemplehotel.com). Un établissement unique empreint de sérénité, sur le site d'un ancien temple bouddhique.

→ **Courtyard 7** (www.courtyard7.com). Chambres immaculées et emplacement exceptionnel dans un *hútòng*.

→ **Opposite House Hotel** (http://theoppositehouse.com) Bâtiment ultramoderne pour une option ultrabranchée.

→ **Park Hyatt** (www.beijing.park.hyatt.com). Grâce et opulence, superbe vue et service de grande classe.

Arriver à Pékin

☑ **À savoir** Pour savoir comment rejoindre votre hébergement, voir p. 17.

Depuis le Capital International Airport

➡ Le train Airport Express (机场快轨, Jīchǎng Kuàiguǐ ; aller simple 25 ¥) assure la liaison entre les terminaux 2 et 3 et les stations de métro Sanyuanqiao (ligne 10) et Dongzhimen (lignes 2 et 13). Le trajet dure 30 minutes. Départs fréquents de 6h21 à 22h51 (terminal 3) et de 6h35 à 23h10 (terminal 2). Notez que le métro circule jusqu'à 23h.

➡ Des navettes (机场巴士 ; *jīchǎng bāshì*) empruntant 10 itinéraires différents partent des trois terminaux entre 5h et minuit. Comptez 16 ¥ l'aller simple. La ligne 1 dessert le quartier financier et le sud de Cháoyáng. Prenez la ligne 3 pour Dongzhimen et le nord de Dōngchéng.

➡ Un taxi (avec compteur) coûte entre 80 et 100 ¥ entre l'aéroport et le centre-ville, en comptant le péage de l'autoroute (15 ¥). Prévoyez de 40 à 60 minutes de trajet. Ignorez les rabatteurs et prenez un taxi officiel à la station située à l'extérieur du terminal. Très peu de chauffeurs parlent anglais ou français : montrez-leur votre destination écrite en caractères chinois.

Depuis la gare ferroviaire de Pékin

➡ Les trains venant de Mongolie, de Corée du Nord, de Russie et du Vietnam arrivent à la gare ferroviaire de Pékin (北京站 ; Běijīng Zhàn), le principal terminus, qui se trouve sur la ligne 2 du métro.

Depuis la gare ferroviaire de Pékin Ouest

➡ La vaste gare ferroviaire de Pékin Ouest (北京西站 ; Běijīng Xīzhàn), sur la ligne 9 du métro, accueille les trains qui arrivent de Hong Kong.

Comment circuler

Métro

☑ Idéal pour... se déplacer rapidement et en toute sécurité.

➡ Le métro est moderne, facile à utiliser, efficace, sûr et en expansion continuelle. Il compte actuellement 15 lignes numérotées.

➡ Les rames circulent de 5h à 23h30, le ticket coûte 3 à 7 ¥ pour un trajet unique, selon la distance.

➡ Les stations (地铁站, *dìtiě zhàn*) sont signalées par un "D" bleu entouré d'un cercle.

Vélo

☑ Idéal pour... explorer les hútòng et le centre de Pékin.

➡ Le vélo (租自行车 ; *zū zìxíngchē*) est une excellente façon de circuler dans une ville

Carte de transport

Dans le métro, la carte de transport prépayée (交通一卡通, *jiāotōng yìkǎtōng*) vous évite de faire la queue pour acheter des tickets. Il faut verser une caution remboursable de 20 ¥. Cette carte donne aussi droit à une réduction de 60% sur les trajets en bus dans Pékin.

aussi embouteillée que la capitale chinoise, surtout dans les allées des *hútòng*. Attention, les voitures ont toujours la priorité à Pékin.

➡ La plupart des auberges de jeunesse louent des vélos environ 30 ¥/jour. **Bike Běijīng** (康多自行车租赁, Kāngduō Zìxíngchē Zūlìn ; plan p. 38 ; ☎ 010 6526 5857 ; www.bikebeijing.com ; 81 Beiheyan St ; ⏰ 9h-18h ; Ⓜ China Museum of Art) est une bonne adresse pour louer une bicyclette et un casque de qualité. De nombreux loueurs autour des lacs Hòuhǎi prennent 10 ¥/heure (caution : 200 ¥).

➡ Quand vous lirez ces lignes, le Vélib' pékinois devrait avoir étendu son service aux visiteurs étrangers : 20 000 vélos disponibles dans 500 stations (caution : 200 ¥ ; 30 premières minutes gratuites, puis 1 ¥/heure).

Taxi

☑ Idéal pour... faire de longs trajets et se déplacer la nuit.

➡ Les taxis (出租车, *chūzūchē*) abondent, mais en trouver un peut être difficile aux heures de pointe, pendant un orage et entre 20h et 22h, quand les gens rentrent chez eux après le dîner.

➡ Comptez 13 ¥ pour la prise en charge et les trois premiers kilomètres, puis 2 ¥/km et 3 ¥ pour l'essence. Les tarifs augmentent légèrement la nuit.

➡ Peu de chauffeurs parlent anglais ou français. Ayez sur vous le nom et l'adresse de votre destination écrits en caractères chinois, et pensez à emporter la carte de visite de votre hôtel.

➡ Si votre chauffeur refuse d'utiliser son compteur (打表, *dǎbiǎo*), descendez et trouvez un autre taxi.

➡ Vous pouvez louer un taxi pour rejoindre des sites en dehors de Pékin, comme la Grande Muraille, mais négociez le prix à l'avance (et ne payez qu'après la course).

Bus

☑ Idéal pour... rallier des endroits non desservis par le métro.

➡ Les bus (公共汽车, *gōnggóng qìchē*) sont nombreux et vont partout. Le ticket coûte 2 ¥.

➡ Si vous ne parlez pas chinois, ce mode de transport peut être compliqué. Présentez au chauffeur le nom de votre destination en caractères chinois, il vous indiquera où descendre.

➡ Les bus sont lents en raison des embouteillages, et perpétuellement bondés.

Infos pratiques

Argent

☑ **À savoir** Les faux billets sont courants en Chine et les étrangers sont des cibles privilégiées. N'hésitez pas à refuser des billets suspects. Les vendeurs les remplaceront sans rechigner en général.

➡ **Monnaie** La monnaie chinoise est le *rénmínbì* (RMB) ou "monnaie du peuple". L'unité de base est le *yuán* (¥), appelé *kuài* à l'oral et subdivisé en *jiǎo* (ou *máo*) et en *fēn*, des unités dont la valeur est infime.

➡ **Distributeurs automatiques de billet (DAB)** La plupart des banques acceptent les cartes Plus, Cirrus, Visa, MasterCard et American

Express moyennant une petite commission (prélevée par votre banque ou la banque locale).

➜ **Banques** Les DAB de la Bank of China et de l'Industrial and Commercial Bank of China (ICBC) sont les plus fiables pour les détenteurs de cartes étrangères.

➜ **Cartes bancaires** La majorité des hôtels quatre et cinq étoiles, des restaurants et boutiques haut de gamme, des centres commerciaux et grands magasins acceptent les cartes bancaires. Ailleurs, prévoyez des espèces.

➜ **Avances en liquide** La Bank of China prélève une commission de 4% sur les avances en liquide sur cartes bancaires.

➜ **Comptoirs de change** Sur présentation d'un passeport, on peut changer des devises dans les banques (Bank of China, ICBC, CITIC Bank et China Construction Bank), à l'aéroport, dans les hôtels et certains grands magasins. Les hôtels pratiquent le taux officiel, en ajoutant parfois une faible commission.

➜ **Bordereaux de change** Conservez vos bordereaux de change : vous en aurez besoin pour convertir vos RMB restants avant de partir.

➜ **Pourboire** Cette pratique n'est pas courante à Pékin. Les hôtels et restaurants chics ajoutent de 10 à 15% à votre note pour le service ; les chauffeurs de taxi n'attendent rien.

➜ **Chèques de voyage** Ceux émis par les grandes banques et organismes comme American Express et Visa sont échangeables à la Bank of China et à l'ICBC, aux comptoirs de change de l'aéroport et dans les hôtels haut de gamme (si vous y résidez).

Désagréments et dangers

➜ Pékin est une métropole très sûre. Les délits graves ou violents à l'encontre des étrangers sont rares.

➜ Votre plus gros souci sera la circulation, anarchique et peu respectueuse des piétons.

➜ La pollution peut créer des difficultés respiratoires en hiver.

➜ Attention aux pickpockets dans les transports publics.

➜ À l'aéroport, des rabatteurs orientent les voyageurs éreintés vers des taxis clandestins facturant 300 ¥ ou plus. Prenez toujours un taxi officiel à une station de taxi.

➜ Sur la place Tiān'ānmén, des jeunes anglophones tenteront de vous inviter dans une maison de thé pour participer à une cérémonie traditionnelle et disparaîtront en vous laissant une lourde ardoise.

➜ Évitez aussi les "étudiants en art" qui veulent vous montrer leurs œuvres.

Électricité

➜ L'électricité fonctionne en 220V/50 Hz. Il existe quatre sortes de prises à Pékin. Vous pourrez acheter un adaptateur sur place.

220 V/50 Hz

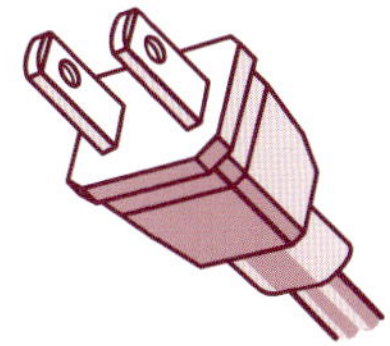

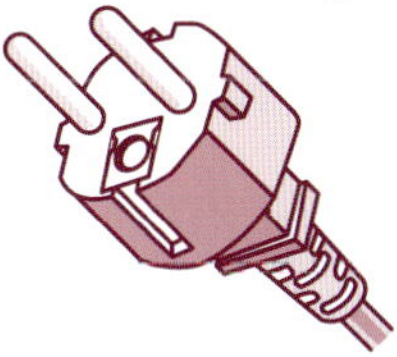

220 V/50 Hz

Handicapés

➡ Pékin n'est pas une ville indiquée pour les personnes à mobilité réduite.

➡ Emportez un fauteuil roulant léger et qui pourra se plier si nécessaire.

➡ Les ascenseurs sont rares et les escalators du métro ne fonctionnent souvent qu'en montée.

➡ Les trottoirs, bondés et irréguliers, forcent les personnes en fauteuil roulant à circuler sur la chaussée.

➡ Faute de rampes, la visite des sites est difficile.

➡ Les voyageurs souffrant de troubles visuels, auditifs ou moteur devront faire extrêmement attention aux voitures, peu soucieuses des piétons.

Heures d'ouverture

☑ **À savoir** Beaucoup de musées et de sites cessent de vendre des billets 30 minutes avant la fermeture.

➡ **Bars et cafés** 11h-2h tlj

➡ **Cybercafés** 24h/24 tlj

➡ **Bureaux, banques et services administratifs** 9h-17h/18h lun-ven

➡ **Restaurants** 10h30-22h tlj

Internet

➡ Les auberges de jeunesse et la plupart des hôtels fournissent un accès Internet, en facturant parfois une somme modique. Beaucoup disposent aussi d'un accès Wi-Fi gratuit.

➡ De nombreux cafés et bars sont équipés du Wi-Fi.

➡ Les cybercafés (网吧, *wǎngbā*) abondent mais se nichent souvent dans les sous-sols ou à l'étage de bâtiments anonymes ; guettez leur enseigne en caractères chinois. Prévoyez 3-5 ¥/heure.

➡ Un passeport est exigé dans les cybercafés.

➡ Le gouvernement chinois censure régulièrement des sites considérés comme sensibles, notamment Facebook, Twitter et YouTube. Pour y accéder, installez un VPN (réseau privé virtuel) sur votre ordinateur portable ou votre téléphone mobile.

Journaux et magazines

➡ Les magazines en anglais *The Beijinger* et *Time Out Beijing* répertorient les derniers lieux à la mode. Ils donnent les adresses en chinois de nombreux restaurants, bars et discothèques que vous pourrez montrer aux chauffeurs de taxi.

➡ Deux quotidiens d'État sont publiés en anglais : le *China Daily*, un journal plein format, et le *Global Times*, un tabloïd.

Pas d'impair

- D'une manière générale, les Chinois ne font guère de cérémonies.
- Les Pékinois apprennent peu à peu à faire la queue, mais les bousculades restent courantes.
- Le principe asiatique consistant à "sauver la face" implique que perdre patience en public est mal vu. Conservez votre sourire quoi qu'il se passe.
- Évitez de discuter politique avec les Pékinois.
- Quand vous mangez, ne pointez pas vos baguettes vers les convives et ne les plantez pas verticalement dans un bol de riz : c'est un présage de mort.

Jours fériés

☑ **À savoir** Le Nouvel An chinois et la fête nationale sont suivis d'une semaine de congés, et le 1er mai, de trois jours fériés. Les sites sont alors bondés et les tarifs hôteliers s'envolent.

Nouvel An 1er janvier

Fête du printemps (Nouvel An chinois) En janvier ou février (8 février 2016, 28 janvier 2017, 16 février 2018).

Journée internationale de la femme 8 mars

Visite et entretien des tombes familiales 5 avril

Fête du travail 1er mai

Journée de la jeunesse 4 mai

Fête des enfants 1er juin

Anniversaire de la fondation du Parti communiste chinois 1er juillet

Anniversaire de la fondation de l'Armée populaire de libération 1er août

Fête de la Lune Fin septembre

Fête nationale 1er octobre

Offices du tourisme

- Les employés des différents **offices du tourisme pékinois** (北京旅游咨询, Běijīng Lǚyóu Zīxún Fúwù Zhōngxīn ; ⌚9h-17h) parlent peu anglais ou français et ne répondront pas toujours à vos attentes, mais vous pourrez obtenir un plan gratuit de la ville.
- Les hôteliers et les autres voyageurs seront vos meilleures sources d'information.

Réductions

- L'entrée dans les sites est gratuite ou à moitié prix pour les enfants mesurant moins d'une certaine taille (généralement 1,20 m) et les plus de 65 ans.
- Une réduction de 50% peut vous être accordée sur présentation d'une carte d'étudiant ou d'une **carte ISIC** (www.isiccard.com).

Téléphone

☑ **Bon plan** Acheter une carte SIM locale (60-100 ¥) dans une boutique China Mobile ou China Unicom est la solution la plus économique pour utiliser votre téléphone portable.

- On peut facilement passer des appels nationaux et internationaux de sa chambre d'hôtel ou d'un téléphone public. À l'hôtel, les communications locales sont souvent gratuites (vérifiez au préalable), tandis que les appels internationaux sont onéreux : mieux vaut utiliser une carte téléphonique.

- Les appels locaux peuvent être passés depuis les kiosques à journaux et les petites échoppes équipées de cabines publiques (généralement jaunes ou orange). On paie le commerçant à la fin de la communication.
- Le code international de la Chine est le ☎86.
- Pour appeler Pékin de l'étranger, composez l'indicatif en vigueur dans votre pays (☎00 en France, en Belgique et en Suisse, ☎011 au Canada), l'indicatif pour la Chine (☎86), l'indicatif régional pour Pékin (☎010) en omettant le zéro initial, puis le numéro de téléphone de votre correspondant.
- Pour un appel local, inutile de composer l'indicatif régional.
- **Téléphones portables** Votre téléphone devrait fonctionner à Pékin (s'il a été débloqué avant de partir pour fonctionner à l'étranger).
- Des recharges (充值卡, *chōngzhí kǎ*) pour les cartes SIM locales sont vendues dans les supérettes et les kiosques à journaux (50 ou 100 ¥). Un appel coûte moins de 1 ¥/min.
- Le mieux pour les appels internationaux est une carte IP (Internet Phone ; IP 卡, *IP kǎ*), disponible à différents tarifs.
- Beaucoup de ces cartes s'accompagnent d'instructions en anglais ou permettent de sélectionner l'anglais une fois le numéro de la carte composé.
- Les cartes IC (IC 卡, *IC kǎ*), pour les communications nationales, peuvent s'utiliser dans la plupart des cabines publiques.
- Les cartes IP et IC, bien meilleur marché, s'achètent dans les kiosques, les petites boutiques, les agences China Telecom et certains hôtels.

Toilettes

- Il y a des toilettes un peu partout, mais beaucoup sont nauséabondes et rudimentaires. Ayez toujours sur vous du papier hygiénique ou des mouchoirs en papier.
- Si vous voyez une corbeille près des toilettes, jetez-y le papier usagé.
- Optez plutôt pour les sanitaires des fast-foods, des hôtels et des grands magasins.
- Le symbole pour les hommes est 男 (*nán*) et pour les femmes 女 (*nǔ*).

Urgences

- **Ambulance** ☎120
- **Pompiers** ☎119
- **Police** ☎110

Visas

- Les ressortissants de 51 pays, notamment les Australiens, les Français, les Allemands, les Britanniques et les Américains, sont désormais autorisés à séjourner à Pékin 72 heures sans visa, à condition d'être en possession d'un billet d'avion à destination d'un autre pays.
- Un visa est requis pour tout séjour supérieur à 72 heures, sauf pour les ressortissants de Brunei, du Japon et de Singapour.
- Les ambassades et consulats chinois du monde entier délivrent en 3 à 5 jours ouvrables des visas de 30 jours à entrée unique.

Langue

Le mandarin – *pǔtōnghuà* ("langue commune") comme l'appellent les Chinois – peut être retranscrit en alphabet romain selon un système appelé pinyin. Dans les expressions ci-dessous, nous indiquons la version en mandarin et le pinyin.

Le mandarin est une langue tonale, avec des variations du ton de la voix dans le grave ou l'aigu sur certaines syllabes. Le mandarin possède quatre tons, plus un cinquième, neutre, que l'on peut presque ignorer. En pinyin, ces tons sont indiqués par des accents sur les voyelles : **ā** (ton haut), **á** (montant), **ǎ** (descendant-montant), **à** (descendant).

Le guide de conversation français/mandarin publié par Lonely Planet répertorie des conseils de prononciation et une liste complète de phrases et d'expressions utiles.

Expressions courantes

Bonjour	你好。	Nǐhǎo.
Au revoir	再见。	Zàijiàn.
Comment allez-vous ?	你好吗？	Nǐhǎo ma ?
Bien. Et vous ?	好。你呢？	Hǎo. Nǐ ne ?
S'il vous plaît	请。	Qǐng.
Merci	谢谢你。	Xièxie nǐ.
Excusez-moi	劳驾。	Láojià.
Désolé	对不起。	Duìbùqǐ.
Oui	是。	Shì.
Non	不是。	Bùshì.

Parlez-vous anglais ?
你会说英文吗？ Nǐ huìshuō Yīngwén ma ?

Je ne comprends pas.
我不明白。 Wǒ bù míngbái.

Au restaurant

Je voudrais...	我要	Wǒ yào ...
une table pour deux	一张两个人的桌子	yīzhāng liǎngge rén de zhuōzi
la carte des boissons	酒水单	jiǔshuǐ dān
la carte	菜单	càidān
bière	啤酒	píjiǔ
café	咖啡	kāfēi

Je ne mange pas...
我不吃… Wǒ bùchī ...

de poisson	鱼	yú
de volaille	家禽	jiāqín
de viande	牛羊肉	niúyángròu

Santé !
干杯！ Gānbēi !

C'était délicieux.
真好吃。 Zhēn hǎochī.

L'addition, s'il vous plaît !
买单！ Mǎidān !

Shopping

J'aimerais acheter...
我想买… Wǒ xiǎng mǎi ...

Je ne fais que regarder.
我先看看。 Wǒ xiān kànkan.

Combien est-ce que ça coûte ?
多少钱？ Duōshǎo qián ?

C'est trop cher.
太贵了。 Tàiguì le.

Pouvez-vous baisser le prix ?
能便宜一点吗？ Néng piányi yīdiǎn ma ?

Urgences

Au secours !
救命！ Jiùmìng!

Allez-vous en !
走开！ Zǒukāi!

Appelez un médecin !
请叫医生来！ Qǐng jiào yīshēng lái!

Appelez la police !
请叫警察！ Qǐng jiào jǐngchá!

Je suis perdu.
我迷路了。 Wǒ mílù le.

Je suis malade.
我生病了。 Wǒ shēngbìng le.

Où se trouvent les toilettes ?
厕所在哪儿？ Cèsuǒ zài nǎr?

Heure et chiffres

Quelle heure est-il ?
现在几点钟？ Xiànzài jǐdiǎn zhōng ?

Il est (10) heures.
(十)点钟。 (Shí)diǎn zhōng.

(10) heures et demie.
(十)点三十分。 (Shí)diǎn sānshífēn.

matin	早上	zǎoshang
après-midi	下午	xiàwǔ
soir	晚上	wǎnshàng
hier	昨天	zuótiān
aujourd'hui	今天	jīntiān
demain	明天	míngtiān

1	一	yī
2	二/两	èr/liǎng
3	三	sān
4	四	sì
5	五	wǔ
6	六	liù
7	七	qī
8	八	bā
9	九	jiǔ
10	十	shí

Transports et orientation

Où se trouve... ?
…在哪儿？ ... zài nǎr ?

Quelle est l'adresse ?
地址在哪儿？ Dìzhǐ zài nǎr ?

Comment puis-je y aller ?
怎么走？ Zěnme zǒu ?

C'est à quelle distance ?
有多远？ Yǒu duō yuǎn ?

Pouvez-vous m'indiquer sur la carte ?
请帮我找它在地图上的位置。 Qǐng bāngwǒ zhǎo tā zài dìtú shàng de wèizhi.

Quand passe le prochain bus ?
下一趟车几点走？ Xià yītàng chē jǐdiǎn zǒu ?

Un billet pour...
一张到…的票。 Yīzhāng dào ... de piào.

Est-ce qu'il s'arrête à...?
在…能下车吗？ Zài ... néng xià chē ma s?

Je veux descendre ici.
我想这儿下车。 Wǒ xiǎng zhèr xiàchē.

En coulisses

Vos réactions ?

Vos commentaires nous sont très précieux pour améliorer nos guides. Notre équipe lit vos lettres avec la plus grande attention et prend en compte vos remarques pour les prochaines mises à jour. Pour nous faire part de vos réactions, prendre connaissance de notre catalogue et vous abonner à notre newsletter, consultez notre site Internet : **www.lonelyplanet.fr**

Nous reprenons parfois des extraits de notre courrier pour les publier dans nos guides ou sites web. Si vous ne souhaitez pas que vos commentaires soient repris ou que votre nom apparaisse, merci de nous le préciser. Notre politique en matière de confidentialité est disponible sur notre site Internet.

Un mot de l'auteur

Des remerciements tout particuliers à Emi Yang pour son aide très précieuse et à Daniel McCrohan pour son remarquable travail sur le guide Lonely Planet *Pékin*. Merci à tous ceux qui m'ont conseillé, volontairement ou non.

Mes remerciements vont aussi, chez Lonely Planet, à Megan Eaves et Dianne Schallmeiner.

Crédits photographiques

Photographie de couverture : marché de nuit de Dōnghuámén, Pékin ; Luigi Vaccarella/4Corners

À propos de cet ouvrage

Cette 3e édition de *Pékin En quelques jours* est une traduction-adaptation de la 4e édition de *Pocket Beijing*, commandée par le bureau d'Oakland et mise à jour par David Eimer. L'édition précédente avait également été écrite par David.

Traduction Anna Alvarez

Direction éditoriale Didier Férat

Coordination éditoriale Margaux Pigois

Responsable prépresse Jean-Noël Doan

Maquette Marie Dautet

Cartographie Cartes originales adaptées en français par Nicolas Chauveau

Couverture Adaptée en français par Annabelle Henry

Merci à Pierre Gallotta pour sa préparation du manuscrit, et à Marjorie Bensaada pour sa relecture attentive.

Index

Consultez aussi les index des rubriques

Se restaurer p. 155
Prendre un verre p. 155
Sortir p. 156
Shopping p. 156
Se loger p. 156

Référence des sites
Référence des **cartes**

Référence des sites
Référence des **cartes**

Se restaurer

Prendre un verre

L'auteur

David Eimer

David s'est rendu pour la première fois en Chine en 1988, époque à laquelle les Occidentaux y étaient aussi rares que les voitures. Après des études de droit, il abandonne l'idée de devenir avocat pour être journaliste indépendant à Londres et à Los Angeles. En 2005, il s'établit à Pékin juste à temps pour assister à l'émergence d'une véritable métropole internationale. Depuis, David a voyagé dans presque toutes les provinces du pays. Il a contribué aux quatre dernières éditions du guide *Chine* de Lonely Planet. Il a également cosigné les quatre dernières éditions du guide *Pékin* et écrit les deux éditions précédentes du présent guide. David vit actuellement à Bangkok, où il a la nostalgie de Pékin, de ses restaurants et de ses *hútòng*.

Pékin en quelques jours
3e édition (mai 2016)
Traduit et adapté de l'ouvrage *Pocket Beijing, 4th edition, April 2016*

Dépôt légal Mai 2016
ISBN 978-2-81615-434-4

Photogravure : Nord Compo
Imprimé par L.E.G.O. Spa (Legatoria Editoriale Giovanni Olivotto), Italie
Réimpression 02, octobre 2017

En Voyage Éditions | un département place des éditeurs